COISAS E ANJOS DE RILKE

Signos 30

Coleção Signos	Dirigida por Augusto de Campos
Supervisão editorial	J. Guinsburg
Revisão	Augusto de Campos, Iracema A. Oliveira
Projeto gráfico	Ricardo Assis
Ilustração	Augusto de Campos
	"Variações sobre uma foto de Rilke, de 1905"
Capa	Augusto de Campos
Produção	Ricardo W. Neves, Luiz Henrique Soares e Sergio Kon

COISAS E ANJOS DE
RILKE

Augusto de Campos

CIP-Brasil. Catalogação-na-Fonte
Sindicato Nacional dos Editores de Livros, RJ

   C21c
   2. ed. 1. reimp.

Campos, Augusto de, 1931-
   Coisas e anjos de Rilke / Augusto de Campos . São Paulo :
Perspectiva, 2015.
   (Signos ; 30)

   1 reimp. 2. ed. de 2013
   ISBN 978-85-273-0255-5

   1. Poesia brasileira. I. Título. II. Série.

13-2122.   CDD: 869.91
                   CDU: 821.134.3(81)-1

02.04.13   05.04.13   043955

2ª edição revista e ampliada – 1a reimpressão

Direitos reservados à
EDITORA PERSPECTIVA
Av. Brigadeiro Luís Antônio, 3025
01401-000 São Paulo SP Brasil
Tel: (11) 3885-8388
www.editoraperspectiva.com.br
2015

SUMÁRIO

Novo Rilke Novo — Augusto de Campos 17
Coisas e Anjos de Rilke — Augusto de Campos 21
Rilke: Poesia-Coisa — Augusto de Campos 31

RAINER MARIA RILKE

DAS BUCH DES BILDERS / O LIVRO DE IMAGENS
(1902-1906)

PRIMEIRO LIVRO
PARTE I

Eingang / Entrada.. 42/43
Ritter / Cavaleiro....................................... 44/45
Das Lied der Bildsäule / A Canção da Estátua 46/47
Die Stille / O Silêncio.................................. 48/49
Die Engel / Os Anjos 50/51

PARTE II

Einsamkeit / Solidão..................................... 54/55

SEGUNDO LIVRO
PARTE I

Initiale / Inicial 58/59
Aus dem Gedicht-Kreis DIE TZAREN / OS TZARES, um Ciclo de Poemas
    III [Ivan, o Terrível] 60/61

PARTE II
DIE STIMMEN, NEUN BLÄTTER MIT EINEM TITELBLATT / AS VOZES, NOVE FOLHAS COM UMA FOLHA-TÍTULO

Titelblatt / Folha-Título 66/67
Das Lied des Bettlers / A Canção do Mendigo 68/69
Das Lied des Blinden / A Canção do Cego 70/71
Das Lied des Trinkers / A Canção do Bêbado 72/73
Das Lied des Selbstmörders / A Canção do Suicida 74/75
Das Lied der Witwe / A Canção da Viúva 76/77
Das Lied des Idioten/ A Canção do Idiota 80/81
Das Lied der Waise / A Canção da Órfã 82/83
Das Lied des Zwerges / A Canção do Anão 84/85
Das Lied des Aussätzigen / A Canção do Leproso 86/87

Schlußstück / Conclusão 88/89

NEUE GEDICHTE — I / NOVOS POEMAS — I
(1907)

Früher Apollo / Apolo Prematuro........................ 92/93
Mädchen-Klage / Lamento de uma Jovem 94/95
Liebes-Lied / Canção de Amor 96/97
Eranna an Sappho / Erana para Safo 98/99
Sappho an Eranna / Safo para Erana 100/101
Gesang der Frauen an den Dichter / Canção das Mulheres
para o Poeta... 102/103
Der Tod des Dichters / A Morte do Poeta 104/105
Buddha / Buda 106/107
L'Ange du Méridien / L'Ange du Méridien 108/109
Die Fensterrose / A Rosácea 110/111
Gott im Mittelalter / Deus na Idade Média.............. 112/113
Morgue / Morgue 114/115
Der Gefangene / O Prisioneiro
    I 116/117
    II 118/119
Der Panther / A Pantera 120/121
Die Gazelle / A Gazela 122/123
Sankt Sebastian / São Sebastião 124/125
Der Engel / O Anjo................................... 126/127
Der Schwan / O Cisne 128/129
Der Dichter / O Poeta................................ 130/131
Die Genesende / A Convalescente 132/133
Die Erblindende / A Que Vai Ficar Cega................ 134/135
Blaue Hortensie / Hortênsia Azul...................... 136/137

Der König / O Rei 138/139
Der Fahnenträger / O Porta-Bandeira 140/141
Der Letzte Graf von Brederode entzieht sich türkischer Gefangenschaft / O Último Conde de Brederode Foge do Cativeiro Turco 142/143
Die Kurtisane / A Cortesã 144/145
Die Treppe der Orangerie / A Escadaria do Orangerie 146/147
Der Marmor-Karren / O Carro de Mármore 148/149
Buddha / Buda [2] 150/151
Das Karussell / O Carrossel........................... 152/153
Römische Fontäne / Fonte Romana 156/157
Spanische Tänzerin / Dançarina Espanhola 158/159
Die Insel / A Ilha
    I 160/161
    II 162/163
    III.. 164/165
Hetären-Gräber / Tumbas das Hetaíras.................. 166/167
Orpheus. Eurydike. Hermes / Orfeu. Eurídice. Hermes..... 172/173
Alkestis / Alceste 182/183
Geburt der Venus / Nascimento de Vênus................ 192/193

NEUE GEDICHTE — II / NOVOS POEMAS — II
(1908)

Kretische Artemis / Ártemis Cretense 202/203
Leda / Leda 204/205
Delphine / Golfinhos 206/207
Die Insel der Sirenen / A Ilha das Sereias............... 210/211
Der Tod der Geliebten / A Morte da Amada.............. 212/213
Ein Prophet / Um Profeta............................. 214/215
Jeremia / Jeremias................................... 216/217
Eine Sibylle / Uma Sibila 218/219
Der aussätzige König / O Rei Leproso 220/221
Der König von Münster / O Rei de Münster 222/223
Das Jüngste Gericht / O Juízo Final 224/225
Der Alchimist / O Alquimista 226/227
Der Stylit / O Estilita 228/229
Adam / Adão.. 232/233
Eva / Eva 234/235
Die Irren / Os Loucos................................ 236/237
Die Bettler / Os Mendigos............................ 238/239
Leichen-Wäsche / Lavagem de Cadáveres 240/241
Der Blinde / O Cego................................. 242/243
Eine Welke / Fanada................................. 244/245
Schlangen-Beschwörung / O Encantador de Serpentes 246/247
Schwarze Katze / Gato Preto.......................... 248/249
Landschaft / Paisagem 250/251
Papageienpark / Parque dos Papagaios 252/253
Bildnis / Retrato 254/255

Venezianischer Morgen / Manhã em Veneza............. 256/257
Spätherbst in Venedig / Fim de Outono em Veneza........ 258/259
San Marco / San Marco 260/261
Ein Doge / Um Doge 262/263
Die Laute / O Alaúde 264/265
Falkenbeize / Falcoaria................................ 266/267
Corrida / Corrida 268/269
Sankt Georg / São Jorge 272/273
Die Schwestern / As Irmãs............................. 274/275
Übung am Klavier / Exercícios ao Piano................. 276/277
Das Rosen-Innere / O Interior da Rosa.................. 278/279
Dame vor dem Spiegel / Mulher ao Espelho 280/281
Die Sonnenuhr / O Relógio de Sol 282/283
Die Flamingos / Os Flamingos 284/285
Die Entführung / O Rapto 286/287
Rose Hortensie / Hortênsia Rosa........................ 288/289
Das Wappen / A Cota de Malha.......................... 290/291
Der Einsame / O Solitário 292/293
Der Leser / O Leitor 294/295
Der Berg / A Montanha................................. 296/297
Der Ball / A Bola...................................... 298/299
Der Hund / O Cachorro................................. 300/301
Der Käferstein / O Escaravelho de Pedra................ 302/303
Buddha in der Glorie / Buda em Glória.................. 304/305

SONETTE AN ORPHEUS / DE SONETOS A ORFEU
(1922)

ERSTER TEIL / PRIMEIRA PARTE

I.1   *Da stieg ein Baum. O reine Übersteigung!*
      Uma árvore se ergueu. Que transcendência pura!... 308/309

I.3   *Ein Gott vermags. Wie aber, sag mir, soll*
      Um deus pode. Mas como erguer do solo.......... 310/311

I.9   *Nur wer die Leier schon hob*
      Só quem ergueu a lira......................... 312/313

I.11   *Sieh den Himmel. Heißt kein Sternbild "Reiter"?*
      Contempla o céu. Não chamam "Cavaleiro"........ 314/315

I.13   *Voller Apfel, Birne und Banane*
      Maçã madura, pera e banana.................... 316/317

I.18   *Hörst du das Neue, Herr*
      O Novo: vê, Senhor............................ 318/319

I.22   *Wir sind die Treibenden*
      A nós, nos cabe andar......................... 320/321

I.25   *Dich aber will ich nun, Dich, die ich kannte*
      Porém a Ti, agora eu quero, a Ti, somente 322/323

ZWEITER TEIL / SEGUNDA PARTE

II.1   *Atmen, du unsichtbares Gedicht!*
      Respirar, invisível dom — poesia!................ 324/325

II.3   *Spiegel: noch nie hat man wissend beschrieben*
      Espelhos: o que sois ninguém se viu.............. 326/327

II.4	*O Dieses ist das Tier, das es nicht giebt*	
	Eis aqui o animal inexistente.....................	328/329
II.5	*Blumenmuskel, der der Anemone*	
	Músculo-flor que, aos poucos, dia a dia............	330/331
II.14	*Siehe die Blumen, diese dem Irdischen treuen*	
	Contempla as flores, essas fiéis da terra............	332/333
II.15	*O Brunnen-Mund, du gebender, du Mund*	
	Ó doadora, boca-chafariz	334/335
II.16	*Immer wieder von uns aufgerissen*	
	Sempre por nós dilacerado	336/337
II.19	*Wandelt sich rasch auch die Welt*	
	Mesmo que o mundo mude com rapidez	338/339
II.20	*Zwischen den Sternen, wie weit; und doch, um wievieles noch weiter*	
	Entre as estrelas, que distância! Mas ainda mais irrestrita	340/341
II.29	*Stiller Freund der vielen Fernen, fühle*	
	Amigo silencioso da distância....................	342/343

QUATRO POEMAS ESPARSOS (1924)

O sage, Dichter / Diz-me, poeta 346/347
Die Frucht / O Fruto................................... 348/349
Welt war in dem Antlitz / O Mundo Estava no Rosto 350/351
O / O... 352/353

APÊNDICE
WILLIAM BUTLER YEATS (1865-1939)

Leda and the Swan (1923) / Leda e o Cisne 356/357

Obras de Augusto de Campos 359

NOVO RILKE NOVO

Eu estava certo de que a minha conversa com Rilke já tivesse acabado. Parti para outras aventuras poéticas de intepretação. Mas não posso explicar por que, em fins de 2007, me sobreveio uma recidiva. Com uma súbita facilidade e felicidade, me vi chamado para uma nova sessão-tensão rilkeana, e quando terminei o meu impulso tradutório, estava, inesperadamente, com mais cinquenta traduções do poeta. A esse primeiro impulso fui acrescentando, aqui e ali, um ou outro texto. E são, a esta altura, setenta os poemas que se vêm acrescentar aos sessenta das primeiras edições de *Coisas e Anjos de Rilke*. Me vi, assim, de repente, às voltas com um "novo Rilke novo" que hoje chega a um total de 130 poemas. Só então me dei conta dos problemas do meu "crime" tradutório. Como persisti concentrado na linguagem do Rilke visualista, materialmente influenciado por Cézanne e Rodin — o Rilke dos *Novos Poemas*, a própria cronologia dos textos inadmitia um livro independente — antes impunha a inserção dos novos textos no "corpus" de *Coisas e Anjos*. Só me restava, portanto, esperar que a segunda tiragem se esgotasse para poder aditar-lhe o "novo Rilke novo", o que resultava na prática em quase um outro livro.

    Dentro da recidiva rilkeana, eu havia também ampliado a minha pequena seleção do *Livro de Imagens*, que é o antecedente imediato daquele conjunto de poemas, e antecipa vários dos seus temas. Deste, completei a impressionante série do ciclo "As Vozes — Nove Folhas e uma Folha-título". E incluí, entre outros, que me chamaram particularmente a atenção, o não menos inquietante poema do ciclo dos "Tzares", um texto inspirado na figura de Ivan, o Terrível, que os filmes de Eisenstein fizeram inolvidável: obra que poderia ter sido incluída nos *Novos Poemas*, até mesmo porque terminada em 1906, na mesma época em que foram esboçados alguns dos poemas do livro. Por fim, adicionei ao conjunto dois poemas esparsos, particularmente interessantes: "O Sage Dichter" , que foi epígrafe de *O Auto do Possesso*, o primeiro livro de poemas de Haroldo de Campos (*Dize-me, poeta, o que fazes? Eu celebro*); e o poema visual (uma raridade nos escritos rilkeanos), escrito em março de 1921, em forma de ovo de páscoa: o "Ovo" de Rilke, raro e talvez único poema visual de sua lavra. E me atrevi ainda a abordar mais nove dos *Sonetos a Orfeu*.

    Pode-se dizer de um dos últimos escritos criativos de John Cage — *As Conferências de Harvard* — que pertence ao gênero inclassificável das "não-conferências", expressão com que Cummings batizou, de tão pouco ortodoxas, as suas próprias. As de Cage, mais radicais ainda, são um multitexto verbivocovisual, com aparência cummingsiana. Um *rewriting* — *remix*, dir-se-ia hoje em musiquês — de textos colageados a partir de obras de vários autores, sob a forma de "mesósticos": textos fragmentários submetidos a escolhas casuais, atravessados por um texto vertical, formado pelo nome do autor homenageado ou por palavras-temas. Alguns desses autores são previsíveis na constelação de manes preferidos do autor de "Silence", como Thoreau, Buckminster Fuller ou McLuhan. Outros são absolutamente imprevistos. É o caso de Wittgenstein. Cage explica que incluiu o filósofo — hoje tão citado, embora pouco lido e, quando lido, compreendido, se é que isto é possível — porque não o entendia. E introduzi-lo na colagem indeterminada dos seus "mesósticos", criados aleatoriamente a partir desses e outros textos, era, para ele, uma tentativa de entendê-lo. Pediu a um especialista que lhe indicasse alguns fragmentos de Wittgenstein para o extravagante compósito de suas não-conferências. O grande músico e poeta tinha a humildade de não afetar familiaridade com a refratária lógica fractal dos textos crípticos e fugidios do autor do *Tractatus*, coisa rara hoje em dia, quando o antifilósofo se tornou o álibi de todos os poetiqueses.

Foi no espírito de Cage — com cautela e humildade — que voltei a tentar traduzir mais alguns dos *Sonetos a Orfeu*, à cuja sedução muitas vezes me rendo, admirado, sem tê-los entendido cabalmente, nem no original nem nas suas muitas versões, quase sempre mais literais do que artísticas. Rilke os escreveu em duas semanas, o que, para mim, é um mistério. Parece que já lhe chegaram perfeitos e consumados. Fluem sem esforço aparente, interrogantes e exterrogantes, num território desconhecido. O seu significado deixa-se lobrigar aqui e ali mais claramente. Uma ou outra vez até se remetem à objetividade relativa dos *Novos Poemas* da fase rodinianesca e cezanniana — mas na maioria são textos impenetráveis ou que só se podem penetrar com sensibilidade poética, em estado de *suspension of disbelieve*. A declarada inspiradora deles foi, como se sabe, uma jovem dançarina morta. Mas onde está ela, salvo num ou noutro texto em que a dança e a morte se dão as mãos? Os escoliastas explicam tudo. Até o que Rilke não pensou. Quem garante? Elusivas e ambíguas, suas palavras escorrem pelos nossos dedos.

A espécie-homem é capaz de produzir os mais diversos tipos de artista. Alguns, como Scelsi, Stockhausen ou Rilke parecem (e acreditam) habitar outro planeta ou ser intermediários de outros mundos. O certo é: ou se aceita ou se rejeita, *in limine*, essa "lógica" desarrazoada de emoções e sensações. Waldemar Cordeiro, o injustiçado líder dos pintores concretos de São Paulo, que admirava Pollock, falava, já nos anos de 1960, de uma "racionalidade da desordem". Fincado no terreno mais sólido do *Livro de Imagens* e dos *Novos Poemas*, e revertido o espectro diluente do Rilke místico e inefável — "desrilkizado" o poeta, isto é, liberto de sua aura desartistizada — ouso reverter o processo e me aventurar na area movediça desses textos. Recolocar o informe em forma, como o faz o artista da palavra que ele é. Tentar reartistizar alguma coisa dessa experiência estranha é, para mim, a tática viável para recuperar um pouco desses privilegiados momentos do artista-medium da poesia. Talvez captar alguns sinais de uma mensagem obscura e desafiante que, nos cristais subvertidos da sua clareza formal, apenas se deixa surpreender.

Augusto de Campos, 2013

COISAS E ANJOS DE RILKE*

Não me canso de admirar a perfeição e a precisão dos *Novos Poemas*, que Rainer Maria Rilke fez publicar em dois volumes, em dezembro de 1907 e julho de 1908 — há mais de cem anos, portanto. *News that stays news*. Novos poemas, que permanecem sempre novos. As minhas traduções, reunidas primeiramente no livro *Rilke: Poesia-Coisa* (1994), emergiram desses textos, célula-mater da maturidade do poeta, a espraiar-se pelas suas mais conhecidas realizações: os *Sonetos a Orfeu* e as *Elegías de Duíno*. Sem dúvida notáveis, essas últimas obras favoreceram, paradoxalmente, com sua aura mística, sua cortina encantatória de fulgores metafísicos, uma recepção até certo ponto equivocada, obscurecendo a outra face do poeta — a do *faber* de olho preciso e ouvido impecável — e a disciplina interna com que ele dominou o concreto para lançar-se às aventuras abstratas, meio--humanas, meio-demiúrgicas, de poeta visionário. Essas qualidades ficam evidentes, porém, quando nos aproximamos da sua obra a partir

* Prefácio à 1ª edição.

dos *Novos Poemas*. Criados sob o influxo das artes plásticas — a pintura de Cézanne, as esculturas de Rodin —, tais textos (pouco menos de duzentas peças) constituem uma galeria de pequenas obras-primas em que pincel, cinzel e pena parecem confundir-se numa síntese perfeita, um jogo sinestésico de palavras e formas — são os *Dinggedichte*, os "poemas-coisa".

Foi dessa perspectiva que empreendi as minhas primeiras versões de Rilke, a maioria delas extraída dos *Novos Poemas*. Ao publicá-las, enfatizei, num estudo introdutório, o caráter único desses textos em que, segundo Ursula Emde, ocorre "a conversão de Rilke ao objetivo e ao concreto", ou, no dizer de Oscar Walzer, uma "desegoização da lírica", um "lirismo novo, de onde o Eu é ausente, onde o *ich* (eu) é substituído pelo *er* (ele)". Como assinalei, então, sob o olho sensível e a pena justa do poeta, o inanimado se anima e o animado se humaniza, por uma sutil translação de categorias.

As imprevistas rotações de sentido suscitadas por essa estratégia poética são vistas por Paul de Man, como um singular emprego do quiasma, figura de estilo que, segundo o Larousse, consiste em colocar dois elementos de dois grupos formando uma antítese na ordem inversa do que faz esperar a sua simetria (ex: um rei cantava em baixo, no alto morria um deus), e que o crítico define como "a reviravolta pela qual os atributos das palavras e das coisas são intervertidos"[1]. Para Paul de Man, nos *Novos Poemas*, cada peça mostra-se autossuficiente como descrição de um objeto ou de uma cena particular, e cada qual coloca em seus próprios termos o enigma do quiasma que a constitui. Assim, em "L'Ange du Méridien" dá-se "a totalização de uma temporalidade

---

1   Paul de Man, Introdução a *Oeuvres 2 — Poésie*, de Rainer Maria Rilke, Paris: Seuil, 1972.

plena estabelecida ao inverso da totalidade quotidiana: a totalização é evocada pela figura do gnômon que indica, durante a noite, uma hora tão imaginária como o seria a luz invisível. A totalização temporal é efetuada pela inversão do par tradicional noite/dia". O cerne da estratégia poética de Rilke estaria nessa inversão estrutural, a partir da qual o poeta, ao descrever objetos, personagens, ou cenas, "transforma categorias exclusivas (fora/dentro, antes/depois, morte/vida, ficção/realidade, som/silêncio) em complementares", logrando, pelo distanciamento do sujeito e pela hiper-objetivação da linguagem, tornar "naturais até os paradoxos mais extremos dos quiasmas".

No prefácio de Edward Snow às suas traduções para o inglês do primeiro volume dos *Novos Poemas* ele acentua que Rilke almejava uma poesia que respondesse ao que descrevera como "a arte de superfícies vivas" de Rodin — uma poesia que de algum modo conseguisse pertencer ao mundo das coisas antes que ao dos sentimentos. Aqui, anota Snow,

a compressão do enunciado e a eliminação do eu autoral são levadas ao extremo na busca de um ideal objetivo. Somente alguns desses *Dinggedichte*, ou "poemas--coisa", como vieram a ser chamados, são efetivamente sobre objetos, mas todos eles têm uma qualidade material e confrontam o leitor com uma presença escultural, autônoma. Até mesmo as suas condensações semânticas comunicam um sentido de volume e contorno. Estamos sempre conscientes delas como coisas feitas[2].

Ainda que as traduções do próprio Edward Snow — que também verteu para o inglês o segundo volume dos *Novos Poemas* — não

---

[2] Rainer Maria Rilke, *New Poems (1907)*, A Bilingual Edition. Translated by Edward Snow. New York: North Point Press, 1984.

reflitam as complexidades formais do original, situando-se na área das versões mais ou menos literais, sem grande elaboração artesanal, ele se mostra consciente das virtualidades artísticas e até da implícita modernidade dos "poemas-coisa", chegando a desligar-se da inevitável referência ao modelo rodiniano e a aproximá-los do experimentalismo plástico de alguém tão moderno como Hans Arp, em cujas esculturas abstratas o geométrico e o orgânico se harmonizam e completam. Diz ele: "a sintaxe, especialmente, torna-se um material flexível, capaz de ser trabalhado em estruturas que nos lembram mais frequentemente as formas mobilizadoras de espaço de Arp do que as presenças massivas de Rodin". Assim é, de fato. Na terceira parte do poema "A Ilha", por exemplo, a palavra *allein* (só) ocupa, isolada no fim de uma estrofe — ícone do próprio tema —, o espaço de um decassílabo, distendendo e condensando o verso, que, depois de um espaço gráfico ainda mais isolante, retoma à sua extensão natural na primeira linha da estrofe seguinte. Embora Rilke utilize com muita parcimônia soluções como essa, excepcionais em sua obra, não há dúvida que as situações sintáticas refogem às estruturas previsíveis do discurso, mesmo poético, criando um estranhamento que de nenhum modo se cinge à mera representação figurativa.

 Snow chama a atenção para a importância que, na sintaxe desses poemas, adquire a locução "como se" (*als, als ob*), capaz de "manter a atenção do leitor fixada não tanto no mundo-objeto como na zona onde ele e a imaginação interagem". E toca em mais um ponto relevante. Na verdade, essa e outras expressões equivalentes, tal a mais usual "como" (*wie*), constituem aqui um agenciador sintático poderoso, que propulsiona as associações mais insólitas de imagens ou as difrações prismáticas que deformam a articulação da metáfora, juntando fragmentos de imagens díspares em visões iluminadoras. Ainda que seja esse o mecanismo usual da metáfora clássica, Rilke distende e libera de tal forma a imagem justaposta como segundo termo da comparação, que acaba por autonomizá-la. Seus "como" e "como se" passam a funcionar como os *and* e *so that* dos *Cantos* de Pound, recobrindo de montagens ou colagens inesperadas a estrutura da metáfora e desestabilizando o foco da visão. A propósito, talvez se pudesse assinalar, com a mesma liberdade com que Snow invoca as esculturas de Arp, um impulso na direção do universo cubista, contemporâneo desses textos, aproximação não desarrazoada, se se pensa na origem comum da pintura de Cézanne. Há, em embrião, nos *Novos Poemas*, algo das simultaneidades do cubismo analítico, a lembrar a reestruturação multiperspectívica de certos quadros, onde o mesmo objeto se apresenta sob diversos aspectos em superposição ou justaposição de planos ou fragmentação poliédrica de volumes. Assim, no poema "São Sebastião", o poeta inverte expressivamente a postura do santo, que está de pé, mas como se estivesse jazendo; e, em mais uma inversão perceptiva, reverte a direção das flechas, que parecem, nesse rodopio sensorial em que ele as inscreve, saltar do próprio corpo do protagonista, "como se de seu corpo desferidas / tremendo em suas pontas soltas de aço". Uma ambivalência que também se projeta ao nível afetivo da personagem, cujos olhos negam, como bagatela, a tristeza que sobrevém, "como se poupassem com desdém / os destrutores de uma coisa bela". Assim, também, em "Morgue", os mortos, "como a esperar que um gesto só" os reconcilie com a vida, "como se algo faltasse para o fim", acabam com os olhos, "sob a pálpebra, invertidos", olhando só para dentro. "Como se" (*comme si*) — não esquecer — é também um dos sintagmas-temas do poema pré-cubista de

Mallarmé, "Um Lance de Dados", locução solta no branco do papel, como um trampolim a precipitar quase-frases no aleatório das ideias que o poema incita ou sugere. Mesmo quando não impulsionado pela locução, o mecanismo da comparação, distendido ao máximo, opera extremas translações perceptivas, como em "Os Flamingos", onde o vislumbre do branco e do vermelho da plumagem das aves é aproximado da visão que se pode ter de uma mulher "num sono leve", num tempo dilatado fisicamente por uma frase que percorre quatro linhas para só desatar a última instância da comparação — o "sono leve" da mulher, a sugerir a incompletude da visão — na primeira linha da estrofe seguinte, num salto abrupto dos sentidos.

A ênfase na materialidade do poema se transfunde, naturalmente, à técnica de composição dos versos — versos, sem dúvida, mas que a prática dos seguidos *enjambements* e o uso acentuado das aliterações e assonâncias fragmentam e plasticizam, contribuindo para a intensificação da iconicidade. Um exemplo, entre muitos, é "Ilha das Sereias", onde praticamente um único período percorre, em viagem ininterrupta, os vinte versos do poema. Outro, a enfatizar os aspectos plásticos do texto, o soneto "Parque dos Papagaios", em que o poeta usa rimas idênticas nas quatro linhas de cada quadra, e apenas duas rimas paronomásticas nos dois últimos tercetos; essa pletora de sons repetitivos, sublinhada pelas assonâncias e espelhamentos internos ("Jaspis und Jade", "finden es fade", "klauben... tauben" etc.) iconiza a fala mimética dos psitacídeos e sublinha o tom grotesco da descrição das aves exóticas, caricaturas humanas, que "amariam mentir". Na tradução, busquei reproduzir alguns desses efeitos, especialmente nos dois últimos tercetos, com rimas interassonantes ("itos", "etas", "itas"), ecos ("graves...aves"), aliterações e paronomásias ("peias dos pés presos... pretas"). Mais um exemplo, que requer um *tour de force* para ser reproduzido em outra língua: de "Übung am Klavier" (Exercícios ao Piano), a linha inicial: "Der Sommer summt. Des Nachmittag macht müde:", com cerradas aliterações e paronomásias aos pares, literalmente significando: "O verão zumbe. A tarde cansa:". No giro da tradução: "O calor cola. A tarde arde e arqueja:". Ainda outro, extraído de "A Montanha", poema inspirado nas célebres gravuras do vulcão Fujyiama por Hokusai: estas linhas, em que as paronomásias são convocadas para iconicizar a ideia das transformações incapturáveis da imagem, uma saindo da outra: "tausendmal aus allen Tagen tauchend" e "von Gestalt gesteigert zu Gestalt", que correspondem na tradução aos versos: "doando-se do ar de cada dia" e "em cada forma a forma transformada" (procedimentos que faço repercutir na linha "cada imagem imersa num instante"). Em "A Gazela" até a pontuação parece ter sido subvertida — três sucessões de ":", onde normalmente haveria um ponto e vírgula ou um ponto, amalgamando as sequências frásicas para presentificar os movimentos, o sobressalto e o salto do animal, que relampagueia na última linha, num *flash* imagístico, a partir da comparação com a banhista surpreendida: "den Waldsee im gewendeten Gesicht" (a chispa de água no voltear da face).

    Nesta segunda investida aos textos rilkeanos, traduzi mais 32 peças dos *Novos Poemas*, para mim sempre irresistíveis e atuais, além de três de O *Livro de Imagens* e cinco dos *Sonetos a Orfeu*, dentre os textos que mais parecem harmonizar-se com a estilística dos "poemas-coisa". De O *Livro de Imagens* três canções, do ciclo "As Vozes": a do Mendigo, a do Suicida e a do Leproso; escritas contemporaneamente aos primeiros *Novos Poemas*, afloram temas ali desenvolvidos mais concisamente — como o do poema "O Rei Leproso" — e impressionam pelo distanciamento crítico e pela ironia corrosiva com que os abordam. *Dos Sonetos a Orfeu*, o enigmático texto do "Cavaleiro" (n. 11 da 1ª série), em que as imagens terrenas projetadas na constelação motivam uma reflexão paradoxal sobre os aspectos de revelação poética e de ilusionismo das figuras; os sonetos 3 e 4 da 2ª série, o dos "espelhos", cujas metáforas substantivas (a "peneira", o "cervo de dezesseis pontas") se projetam, em relevo, no vazio especular-especulativo, e o do "unicórnio", em que o poeta, com a sábia combinatória de palavras-coisas, rimas compactas e cortes precisos, faz emergir do nada a figura mitológica, como uma criatura concreta, viva na imaginação; o soneto 20 da mesma série, "Entre as estrelas...", onde o estiramento e a contração das linhas iconizam a temática da distância, propiciando o giro do pensamento, que transita vertiginosamente da medida cosmológica à psicológica, do mundo físico ao metafísico, do animal ao anímico, das estrelas aos peixes; e o soneto 29, o último, de um Rilke vocativo, já afastado da coisicidade dos *Novos Poemas* mas que, ainda assim, impregna-se da bioenergia dos ritmos respiratórios e dos entrecruzamentos dos sentidos para explorar os confrontos mais abstratos entre sujeito e objeto. Avoluma-se, nesta edição, a presença dos *Novos Poemas* que passam de 12 a 42, num conjunto de 55 textos rilkeanos. Advirta-se, porém, que nem todos os trinta "novos poemas" acrescidos — "poemas-coisa", por definição — se restringem a um objeto-tema definido, como é o caso protótípico daquela "Fonte Romana", já incluída em *Rilke: Poesia-Coisa*, ou de "Hortênsia Azul", "Os Flamingos", "Parque dos Papagaios", vertidos agora. Alguns desses poemas deixam-se permear pelos temas da solidão e da morte, esculturados, porém, em imagens concretas ou, às vezes, dissecados a partir de uma imagem-motivo mais ampla — caso de "A Ilha", "O Prisioneiro".

Por eles perpassa o sopro metafísico daqueles "anjos terríveis" de que falará Rilke mais adiante, em suas Elegias. Mas mesmo os "anjos" — essas criaturas evanescentes do imaginário rilkeano, projeções antes do subconsciente do que da ideologia religiosa, desreferenciadas de ortodoxia — contaminam-se aqui de materialidade; ora diretamente referidos à fisicalidade da criação humana ("L'Ange du Méridien" se reporta à famosa estátua conhecida como o Anjo do Relógio de Sol, da Catedral de Chartres), ora vistos como sólidas presenças ("O Anjo"). Não é tanto que Rilke prefira "a pantera ao anjo", como desejaria João Cabral, mas que os seus "anjos", demasiadamente humanos, se materializam, anjos-coisas, para presentificar a ideia da transiência e da morte, naquele processo de "interanimação de objeto e consciência" que, segundo Snow, constitui o tema central dos *Novos Poemas*. Em suma: ele panteriza o anjo e angeliza a pantera. Não seria demais, aproximando Rilke e Hopkins, classificar também de "terríveis" a alguns desses poemas, pois neles encontramos, sem embargo de sua desafiante impassibilidade, o mesmo "*páthos* terrível" que caracteriza alguns dos sonetos blásfemos e pungentes do grande poeta inglês. Poesia do impreciso, terrivelmente precisa, que nos maravilha e nos agride na solidez coiseante ("Das Ding dingt", a coisa coiseia, ou as coisas coisam, não nos diz Heidegger?) das imagens em que compacta as angústias e as incertezas humanas.

(2001)

RILKE: POESIA-COISA*

Os poetas são sempre culpados. E a poesia é caprichosa. Como a sorte. Em fevereiro de 1922, enquanto os modernistas brasileiros, Mário e Oswald à frente, proclamavam estrepitosamente, entre vivas e vaias, a atualização da nossa poesia nos memoráveis eventos realizados nos dias 13, 15 e 17 no Teatro Municipal de São Paulo, longe, bem longe daqui, baixava o santo no poeta Rainer Maria Rilke, 47 anos, solunaticamente instalado no Castelo de Muzat, em Valais, nos Alpes suíços, à beira do lago Leman.

Entre 2 e 5 de fevereiro Rilke compôs a primeira série (26 peças) dos *Sonetos a Orfeu*, inspirados na morte da jovem dançarina Vera Oukama-Knoop. No dia 7, a Sétima das Elegias que começara a escrever cerca de dez anos antes, no Castelo de Duíno, do alto de um penhasco a pique sobre o Adriático. Entre 7 e 8, a Oitava. Em 9 de fevereiro, a última parte da Sexta e a Nona. A Décima no dia

---

* Salvo pequena adaptação, o texto é o mesmo que apareceu, sob o título "I Like Rilke", como introdução ao livro *Rilke: Poesia-Coisa* (Rio de Janeiro: Imago, 1994).

11. Três dias depois, nova elegia, a Quinta, conhecida como a dos "Saltimbancos". De 15 a 23, surgiria, inteira, a segunda sequência (29 composições) dos *Sonetos a Orfeu*.

Nos anos de 1940, em pleno pós-guerra, a poesia brasileira (e a portuguesa) conheceram intensa voga de rilkeanismo, bem documentada no opúsculo de Arnaldo Saraiva, *Para a História da Leitura de Rilke em Portugal e no Brasil*[1]. As obras de Rilke, especialmente as de inflexão metafísica, como é ocaso das *Elegias* e dos *Sonetos a Orfeu*, foram muito traduzidas e difundidas entre nós e ele fez época, entronizado no panteão dos vates admirados por integrantes e/ou simpatizantes da Geração de 45. Por outro lado, a elegância e a nobreza dos seus temas, assim como a aparente tranquilidade de sua vida transcorrida aristocraticamente entre vilegiaturas e castelos, o fizeram malvisto pelos poetas da esquerda oficial. Neruda: "Que hicisteis vosotros gidistas, / intelectualistas, rilkistas, / misterizantes, falsos brujos existenciales etc." (*Canto General*, Seção v, "Los Poetas Celestes", 1950).

Os poetas concretos também o puseram de quarentena. "Nessa efeméride, entreabrindo a burra / Onde se enlura, o poeta estoura: / 'Mulheres, Rilke, esses bijus de um níquel!' — e se emascula." — escarnecia num poema de 1952 ("Bufoneria Brasiliensis 1 — O Poeta Virgem") Décio Pignatari. Mas Haroldo de Campos, cujo primeiro livro, *Auto do Possesso* (1950), continha uma epígrafe rilkeana ("Dize-me, Poeta, que fazes? — Eu celebro.") no pórtico da composição que dá título ao livro, já em 1966, ao assinalar o prestígio do Rilke das *Elegias* e dos *Sonetos a Orfeu* entre nós, chamava a atenção para a maior atualidade do Rilke dos *Novos Poemas*, dos "poemas-coisa", dos

1 Porto: Árvore, 1984.

Dinggedichte[2]. Décio, por sinal, anos mais tarde incluiria, na 2ª edição (1986) de sua coletânea *Poesia, Pois É, Poesia*, no adendo *Poë·tc*, uma tradução de "Abisag", precisamente dos *Novos Poemas* de Rilke.

Apesar da larga difusão, o que menos transpareceu nas abordagens de Rilke em nosso meio (e, por extensão, no português) foi a linguagem de sua poesia. Traduziu-se o clima, o "feeling", o substrato existencial, mas não a linguagem. Com raras exceções, como a notável versão de Manuel Bandeira de "Torso Arcaico de Apolo" e a não menos notável tradução pignatariana, já referida, ambas, de resto, extraídas dos *Novos Poemas*. A de Bandeira, admirável pela cursividade e pela delicadeza da conversão: o poema revive, íntegro em português, sem perda da estrutura formal, que evolui em suas imagens precisas e seus *enjambements* contínuos, até o *staccato* final: "Força é mudares de vida". A de Pignatari, mais atenta às transgressões linguísticas, quase paráfrase, explicitando substantivos e deslocamentos sintáticos e aguçando a linguagem ao máximo: "Insone, via-se Mastim, Orelhas, / buscando-se nas So(m)bras do seu Sangue".

Desmontado o ritual dos misticismos de fachada que alimentaram um certo tipo de recepção que Paul de Man denominou de "interpretação messiânica" da poesia de Rilke[3], é possível vê-la, ou revê-la, hoje, com olhos mais objetivos ou menos transtornados. Há nela aspectos que permanecem provocadores e atuais, para além da embriaguez que suscita a indiscutível beleza de suas especulações vivenciais e metafísicas. Desse ponto de vista, o que releva é a vertente

---

2 Cf. Poesia de Vanguarda Alemã e Brasileira, ensaio publicado na revista *Cavalo Azul*, n. 2, São Paulo, abril-maio 1966, depois incluído no livro *A Arte no Horizonte do Provável*, São Paulo: Perspectiva, 1969.
3 Cf. Paul de Man, Introdução a *Oeuvres 2 — Poésie*, de Rainer Maria Rilke, Paris: Seuil, 1972.

objetual, substantiva, da poesia de Rilke. Tendo a antecipá-la algumas composições de *O Livro de Imagens* (reunindo textos escritos entre 1898 e 1906), como o epigramático e contundente poema final, "Der Tod ist Gross" (A Morte é Grande)[4], tal vertente se afirma definitivamente nos *Novos Poemas*, cerca de duzentas peças reunidas em duas séries, publicadas, respectivamente, em 1907 e 1908.

Influenciados pelo convívio com o escultor Rodin — de quem Rilke chegou a ser secretário particular (1905-1906) — e pela descoberta da pintura de Cézanne, esses poemas constituem um marco divisório na sua obra e não deixam de interferir na poesia existencial dos últimos anos e até mesmo em vários dos *Sonetos a Orfeu*. Neles ocorre "a conversão de Rilke ao objetivo e ao concreto, sua passagem do mundo dos estados de alma, sentimentos e impressões ao mundo das coisas", conforme a observação de Ursula Emde (*Rilke und Rodin*, 1949), citada por Joseph-François Angelloz. A propósito dos *Novos Poemas*, Angelloz fala de uma "concepção poética na qual o sujeito se deixa absorver pelo objeto" e lembra, ainda, a expressão cunhada por Oscar Walzel, "Entichung der Lyrik" (desegoização da lírica), para designar "esse lirismo novo, de onde o Eu é ausente, onde o 'ich' (eu) é substituído pelo 'er' (ele)"[5].

Como acentua Philippe Jaccottet[6], essa "a parte que pareceria a menos 'rilkeana' aos críticos apegados acima de tudo ao poeta inspirado, até ser condenada por alguns como um esforço estranho à sua verdadeira natureza". É esse, no entanto, o Rilke estimado por

---

4   *Das Buch der Bilder* (O Livro de Imagens) teve suas edições, uma em 1902 e outra, bem mais ampla, em 1906. O poema "Der Tod ist Gross" já constava da primeira.
5   J.-F. Angelloz, *Rilke*, Paris: Mercure de France, 1952, p. 194-205.
6   Philippe Jaccottet, *Rilke*, Paris: Seul, 1985, p. 65.

João Cabral de Mello Neto, o "engenheiro" da nossa poesia, como se pode ler na composição "Rilke nos Novos Poemas", de *Museu de Tudo*. "Preferir a pantera ao anjo, / condensar o vago em preciso: / nesse livro se inconfessou: / ainda se disse, mas sem vício. / Nele, dizendo-se de viés, / disse-se sempre, porém limpo; / incapaz de não se gozar, / disse-se, mas sem onanismo".

"Der Panther" (A Pantera), a composição a que alude Cabral, encarna prototipicamente essa poesia-coisa. "De tanto olhar as grades seu olhar / esmoreceu e nada mais aferra. / Como se houvesse só grades na terra. / Grades, apenas grades para olhar". Rilke não é um parnasiano. Mais do que descreve, se introscreve em seus modelos. Faz com que o eu desapareça para que, através da captação da figuralidade essencial do outro, com um mínimo de adjetivação e um máximo de concretude, aflore uma dramaticidade imanente, insuspeitada. Para chamar à baila o jaguaretês de Guimarães Rosa — que, com outras estratégias linguísticas, opera semelhante transubstanciação ("eu oncei") — dir-se-ia que o poeta se pantera. Antes dele, Gérard de Nerval já vislumbrara um puro espírito a crescer sob a crosta das pedras: "Un pur esprit s'accroît sous l'écorce des pierres!" Sob o olho sensível e a pena justa de Rilke, o inanimado se anima e o animado se humaniza, por uma sutil translação de categorias.

Numa carta de 8 de agosto de 1903 a Lou Andreas-Salomé o poeta escrevia, significativamente:

No mundo, a coisa é determinada, na arte ela o deve ser mais ainda: subtraída a todo acidente, libertada de toda penumbra, arrebatada ao tempo e entregue ao espaço, ela se torna permanência, ela atinge a eternidade. Uma aparece; a outra é; ela ultrapassa indizivelmente seu modelo, ela constitui a lenta e progressiva realização do querer ser, que se desprende de toda a natureza. A arte não é, então, como se pensa, a mais caprichosa e a mais vã das indústrias, mas um humilde mister, regido por leis rigorosas.

E, mais adiante:

Quero viver como se o meu tempo fosse ilimitado. Quero me recolher, me retirar das ocupações efêmeras. Mas ouço vozes, vozes benevolentes, passos que se aproximam e minhas portas se abrem... As pessoas que eu procuro não podem me ajudar: elas não compreendem. O mesmo se passa com os livros: demasiado humanos, ainda... As coisas, só elas, me falam. As coisas de Rodin, as das catedrais, as da antiguidade. Todas as coisas que são perfeitas. Elas me apontaram os meus modelos: um mundo de movimento e de vida, na pura simplicidade de seu desígnio, que é o de deixar nascer as coisas.

Textos que integram os *Novos Poemas*, como "A Morte do Poeta" e "O Poeta", registram a tensão de Rilke em busca dessa almejada introjeção nas coisas e do seu correspondente desgarramento do mundo subjetivo, alegorizados pela identificação com a natureza ("Ninguém jamais podia ter suposto / que ele e tudo estivessem conjugados / e que tudo, essas sombras, esses prados, / essa água mesma eram o seu rosto."), ao ponto extremo da absoluta renúncia de si mesmo ("Tudo aquilo em que ponho afeto / Fica mais rico e me devora.").

As traduções aqui reunidas tentam configurar esse "novo Rilke", o mais visual e o menos visível, a partir do pequeno grande poema do Livro de Imagens, "Schlußstück", uma "conclusão" sem ambages, que nos coloca de chofre, em concreção direta, ante a presença da morte, nua e crua. A maioria dos textos traduzidos pertence aos *Novos*

Poemas. Aí estão, além de "A Pantera", os poemas que lidam com o amor e a morte e com a condição do poeta — temas obsessivos de Rilke —; os surpreendentemente crítico-satíricos, como "O Rei" e "A Cortesã"; os patético-vivenciais como "A Que Vai Ficar Cega"; os puramente plásticos, coiseístas, como "Fonte Romana"; os sensoriais, como "Corrida" e "Dançarina Espanhola" (que hoje não se pode ler sem pensar em João Cabral) ou "Leda" (que traz à baila o não menos elaborado e inquietante "Leda and the Swan", de Yeats, traduzido em apêndice para propiciar ao leitor o cotejo das diferentes visões dos dois poetas no registro da complexa experiência imaginativa, "divinumanimal", do conúbio mítico). Todos eles, mesmo os mais longos e discursivos — como as releituras de temas mitológicos, "Orfeu. Eurídice. Hermes" e "O Nascimento de Vênus" — filtrados pela plasticidade do poeta-pintor, que com a precisão de sua linguagem e a sempre imprevista, mas nítida articulação metafórica, dá pele e ossos às fantasmagorias de sua inquietação. "O Nascimento de Vênus" poderia figurar, ao lado da "Vênus Anadiômene", de Rimbaud, como uma operação de dessacralização da deusa sublimada por Botticelli. Aqui, a deusa mítica, desvelada "em câmara lenta" (na expressão de Angelloz), é uma mulher que se incorpora e se agiganta ante nossos olhos em versão carnal, terrena, quase expressionista, potencializada por um cortejo de imagens extraídas do referencial da natureza (folhas, frutos, bétulas, fontes) e por violentos deslocamentos metonímicos (juntas como gargantas). Transumanizado, o mar pare e vomita alegoricamente o corpo morto de um delfim.

Alguns dos *Sonetos a Orfeu* — os mais sucintos e substantivos — não deixam de manter uma integridade textual que infunde "corpus" às perquirições metafísicas. É o caso daquela "boca-chafariz" do

Soneto 15 da segunda sequência, que evoca imediatamente "A Fonte Romana", um dos sonetos objetuais mais característicos dos *Novos Poemas*. Ou dos *flashes* biometafísicos como "Ar para nada. Arfar em deus. Um vento" (i, 3) ou "Respirar..." (ii, 1). Ou ainda das reflexões sobre movimento e *stasis*, quietação e tempo, que evocam a filosofia natural dos pré-socráticos, o tao e o zen, no Soneto 22 da primeira série: "Jovem, não há virtude / na velocidade / e no voo, aonde for. // Tudo é quietude: / escuro e claridade / livro e flor".

Dentre os derradeiros poemas, há alguns — como "Die Frucht" (O Fruto), de fevereiro de 1924, no qual Angelloz identifica a perseverança em Rilke do "desejo de dizer as coisas" — que poderiam servir de modelo de *Dinggedichte*, tal o radicalismo de sua despersonalização e objetividade.

A disciplina e o rigor a que Rilke submeteu as forças tumultuárias do seu "transe" poético para "transformar a angústia em coisa" (Jaccottet) constituem uma peripécia exemplar. Menos aparentemente "rilkeano", esse Rilke discreto e contido se projeta, de pleno, ainda hoje, nas mais cruciais indagações da poética da modernidade, a demandar, antes de tudo, alta densidade vocabular, precisão e concisão, mais coisas que casos, menos soluços que silêncios.

DAS BUCH DES BILDERS
O LIVRO DE IMAGENS

(1902-1906)

PRIMEIRO LIVRO

PARTE I

Eingang

Wer du auch seist: am Abend tritt hinaus
aus deiner Stube, drin du alles weißt;
als letztes vor der Ferne liegt dein Haus:
wer du auch seist.
Mit deinen Augen, welche müde kaum
von der verbrauchten Schwelle sich befrein,
hebst du ganz langsam einen schwarzen Baum
und stellst ihn vor den Himmel: schlank, allein.
Und hast die Welt gemacht. Und sie ist groß
und wie ein Wort, das noch im Schweigen reift.
Und wie dein Wille ihren Sinn begreift,
lassen sie deine Augen zärtlich los…

Entrada

Quem quer que você seja: quando a noite vem,
saia do quarto, que você conhece bem;
seu último reduto antes do além:
quem quer que seja o quem.
Com os seus olhos que, de cansaço,
mal conseguem se erguer do pó,
levante, lento, a árvore negra do espaço
e a ponha contra o céu: esguia, só.
E você fez o mundo. E ele é grande
como a palavra que o silêncio expande.
E quando o seu sentido lhe penetre a mente,
que os seus olhos o levem suavemente...

Ritter

Reitet der Ritter in schwarzem Stahl
hinaus in die rauschende Welt.

Und draußen ist Alles: der Tag und das Tal
und der Freund und der Feind und das Mahl im Saal
und der Mai und die Maid und der Wald und der Gral,
und Gott ist selber vieltausendmal
an alle Straßen gestellt.

Doch in dem Panzer des Ritters drinnen,
hinter den finstersten Ringen,
hockt der Tod und muß sinnen und sinnen:
Wann wird die Klinge springen
über die Eisenhecke,
die fremde befreiende Klinge,
die mich aus meinem Verstecke
holt, drin ich so viele
gebückte Tage verbringe, —
daß ich mich endlich strecke
und spiele
und singe.

Cavaleiro

O cavaleiro com seu negro aço
cavalga contra o mundo desigual.

E tudo está lá fora: o dia e o vale,
o amigo e o inimigo, o bem e o mal,
a donzela, o baile, o bosque, o Graal e
o próprio Deus que sempre se vale
de qualquer espaço.

Mas dentro da armadura,
no fundo dos seus círculos, escura,
a Morte indaga acocorada:
Quando há de cair a espada
sobre a cerca de ferro,
aquela espada externa
que me livrará da caverna
onde eu me encerro
por tantos dias curvos, arquejante, —
para que enfim eu me estire e me exalte
e salte
e cante.

Das Lied der Bildsäule

Wer ist es, wer mich so liebt, daß er
sein liebes Leben verstößt?
Wenn einer für mich ertrinkt im Meer,
so bin ich vom Steine zur Wiederkehr
ins Leben, ins Leben erlöst.

Ich sehne mich so nach dem rauschenden Blut;
der Stein ist so still.
Ich träume vom Leben: das Leben ist gut.
Hat keiner den Mut,
durch den ich erwachen will?

Und werd ich einmal im Leben sein,
das mir alles Goldenste giebt, —

— · — · — · — · — · — · — · — · — · — · —

so werd ich allein
weinen, weinen nach meinem Stein.
Was hilft mir mein Blut, wenn es reift wie der Wein?
Es kann aus dem Meer nicht den Einen schrein,
der mich am meisten geliebt.

A Canção da Estátua

Quem me amará tanto que será capaz
de perder por mim sua vida?
Se alguém morrer por mim nalgum mar
eu retornarei da pedra que me jaz
para a vida, pela vida redimida.

Como eu anseio por um sangue que escoa;
a pedra é tão fria.
Eu sonho com a vida: a vida é boa.
Será que ninguém ousaria
transformar-me em uma pessoa?

E se eu de novo revenho
a todo o ouro do meu sonho, —

- — - — - — - — - — - — - — - — - — - — -

então eu vou chorar,
chorar, sozinha, pela pedra que perdi.
De que me vale o sangue, se ele matura como o vinho?
Com que grito ele vai chamar
o que mais me amou, daquele mar?

Die Stille

Hörst du Geliebte, ich hebe die Hände —
hörst du: es rauscht...
Welche Gebärde der Einsamen fände
sich nicht von vielen Dingen belauscht?
Hörst du, Geliebte, ich schließe die Lider
und auch das ist Geräusch bis zu dir.
Hörst du, Geliebte, ich hebe sie wieder...
... aber warum bist du nicht hier.

Der Abdruck meiner kleinsten Bewegung
bleibt in der seidenen Stille sichtbar;
unvernichtbar drückt die geringste Erregung
in den gespannten Vorhang der Ferne sich ein.
Auf meinen Atemzügen heben und senken
die Sterne sich.
Zu meinen Lippen kommen die Düfte zur Tränke,
und ich erkenne die Handgelenke
entfernter Engel.
Nur die ich denke: Dich
seh ich nicht.

O Silêncio

Escuta, ergo minhas mãos para o ar —
escuta: há um rumor...
Cada gesto solitário, sem amor,
quantas coisas não fazem falar?
Escuta, cerro o meu olhar
e mesmo isso rumoreja para chegar a ti.
Meus olhos se abrem para te olhar...
... mas por que não estás aqui?

A marca do menor movimento
se grava no silêncio de cetim;
indelevelmente o menor alento
se imprime na densa cortina da distância.
Em cada arfar meu nasce uma estrela
e chega ao fim.
Em meus lábios vem beber toda fragrância,
e eu reconheço o pulsar
de anjos ao longe.
Só aquela em que eu penso: Ela
eu não posso vê-la.

Die Engel

Sie haben alle müde Münde
und helle Seelen ohne Saum.
Und eine Sehnsucht (wie nach Sünde)
geht ihnen manchmal durch den Traum.

Fast gleichen sie einander alle;
in Gottes Gärten schweigen sie,
wie viele, viele Intervalle
in seiner Macht und Melodie.

Nur wenn sie ihre Flügel breiten,
sind sie die Wecker eines Winds:
als ginge Gott mit seinen weiten
Bildhauerhänden durch die Seiten
im dunklen Buch des Anbeginns.

Os Anjos

Eles têm os lábios cansados
e almas alvas, sem sutura.
E um desejo (como se de pecados)
em seus sonhos às vezes os procura.

Não há como diferençá-los
nos jardins em que Deus os cria,
como se vários, vários intervalos
em sua Majestade e Melodia.

Somente quando um deles abre as alas
vem acordar o vento com o seu bulício:
como se Deus, com mãos imensas, esculpisse-o
por entre as páginas, ao folheá-las,
no livro escuro do início.

PARTE II

Einsamkeit

Die Einsamkeit ist wie ein Regen.
Sie steigt vom Meer den Abenden entgegen;
von Ebenen, die fern sind und entlegen,
geht sie zum Himmel, der sie immer hat.
Und erst vom Himmel fällt sie auf die Stadt.

Regnet hernieder in den Zwitterstunden,
wenn sich nach Morgen wenden alle Gassen
und wenn die Lieber, welche nichts gefunden,
enttäuscht und traurig von einander lassen;
und wenn die Menschen, die einander hassen,
in *einem* Bett zusammen schlafen müssen:

dann geht die Einsamkeit mit den Flüssen…

Solidão

A solidão é como a chuva que brota
do mar para o cair da tarde;
da planície distante e remota
para o céu, que sempre a adota.
E só então recai do céu sobre a cidade.

Ela chove, entre as horas, a seu despeito,
quando todos os becos buscam a madrugada
e quando os corpos, que não encontraram nada,
quedam-se juntos, tristes e frios,
e os que se odeiam, rosto contrafeito,
têm de dormir no *mesmo* leito:

aí a solidão flui como os rios...

SEGUNDO LIVRO

PARTE I

Initiale

Gieb deine Schönheit immer hin
ohne Rechnen und Reden.
Du schweigst. Sie sagt für dich: Ich bin.
Und kommt in tausendfachem Sinn,
kommt endlich über jeden.

Inicial

Deixe a sua beleza se mostrar
sem cálculo e sem fala.
Ela diz por você: eu sou. Você se cala.
E ela se manifesta de mil modos
e enfim atinge a todos.

Aus dem Gedicht-Kreis DIE TZAREN

III

Seine Diener füttern mit mehr und mehr
ein Rudel von jenen wilden Gerüchten,
die auch noch Er sind, alles noch Er.

Seine Günstlinge flüchten vor ihm her.

Und seine Frauen flüstern und stiften
Bünde. Und er hört sie ganz innen
in ihren Gemächern mit Dienerinnen,
die sich scheu umsehn, sprechen von Giften.

Alle Wände sind hohl von Schränken und Fächern,
Mörder ducken unter den Dächern
und spielen Mönche mit viel Geschick.

Und er hat nichts als einen Blick
dann und wann; als den leisen
Schritt auf den Treppen die kreisen;
nichts als das Eisen an seinem Stock.

OS TZARES, um Ciclo de Poemas

III   [IVAN, O TERRÍVEL]

Os seus servos fomentam uma infinda
matilha de murmurações selvagens
e é tudo Ele, sempre Ele ainda.

Os favoritos fogem dele, e os pajens.

As esposas fuxicam entre alfaias,
conspirando. E ele as ouve desde o interno
dos aposentos, com as suas aias,
que olham de esguelha e falam em veneno.

As paredes são ocas, e os telhados
abrigam assassinos, agachados,
que, com astúcia, fingem-se de monge.

E ele não tem nada mais além de um longe
lampejo, aqui e ali; só o degrau
suave de escadas subindo em espiral;
só o aço de sua bengala.

Nichts als den dürftigen Büßerrock
(durch den die Kälte aus den Fliesen
an ihm hinaufkriecht wie mit Krallen)
nichts, was er zu rufen wagt,
nichts als die Angst vor allen diesen,
nichts als die tägliche Angst vor Allen,
die ihn jagt durch diese gejagten
Gesichter, an dunklen ungefragten
vielleicht schuldigen Händen entlang.

Manchmal packt er Einen im Gang
grade noch an des Mantels Falten,
und er zerrt ihn zornig her;
aber im Fenster weiß er nicht mehr:
wer ist Haltender? Wer ist gehalten?
Wer bin ich und wer ist der?

(1906)

Nada além da escassa veste penitencial (a-
través da qual o frio das lajes
se aferra a ele como se com garras),
nada a que ouse chamar,
nada além do temor dessas personagens,
nada além do diário temor de tudo
que o caça por trás das faces caçadas,
caça-o no escuro sem inquiridor
das mãos talvez já culpadas.

Às vezes ele agarra alguém no corredor
em tempo, ainda, pelas dobras do seu manto,
e o atira para um canto;
mas à janela ele já se perdeu:
quem é a presa? Quem, o predador?
Quem é ele e quem sou eu?

(1906)

PARTE II

Die Stimmen

neun blätter mit einem titelblatt

TITELBLATT

Die Reichen und Glücklichen haben gut schweigen,
niemand will wissen was sie sind.
Aber die Dürftigen müssen sich zeigen,
müssen sagen: ich bin blind
oder: ich bin im Begriff es zu werden
oder: es geht mir nicht gut auf Erden
oder: ich habe ein krankes Kind
oder: da bin ich zusammengefügt...

Und vielleicht, daß das gar nicht genügt.

Und weil alle sonst, wie an Dingen,
an ihnen vorbeigehn, müssen sie singen.

Und da hört man noch guten Gesang.

Freilich die Menschen sind seltsam; sie hören
lieber Kastraten in Knabenchören.

Aber Gott selber kommt und bleibt lang
wenn ihn *diese* Beschnittenen stören.

As Vozes

nove folhas com uma folha-título

FOLHA-TÍTULO

Ricos e felizes podem se calar,
ninguém perturba o seu sossego.
Mas os destituídos precisam falar,
dizer: eu sou cego
ou: estou quase perto
ou: nada para mim deu certo
ou: tenho uma criança doente
ou: aqui estou, remendado, à sua frente...

E talvez nem isso seja suficiente.

Eles têm que cantar, já que as pessoas
passam por eles como pelas coisas.

E as canções que eles cantam são muito boas.

Mas aos humanos não apraz tal arte.
Preferem ouvir os coros dos castrati.

E até Deus mostra-se o seu tanto
quando *esses* mutilados entoam o seu canto.

DAS LIED DES BETTLERS

Ich gehe immer von Tor zu Tor,
verregnet und verbrannt;
auf einmal leg ich mein rechtes Ohr
in meine rechte Hand.
Dann kommt mir meine Stimme vor
als hätt ich sie nie gekannt.

Dann weiß ich nicht sicher wer da schreit,
ich oder irgendwer.
Ich schreie um eine Kleinigkeit.
Die Dichter schrein um mehr.

Und endlich mach ich noch mein Gesicht
mit beiden Augen zu;
wie's dann in der Hand liegt mit seinem Gewicht
sieht es fast aus wie Ruh.
Damit sie nicht meinen ich hätte nicht,
wohin ich mein Haupt tu.

A CANÇÃO DO MENDIGO

Vou indo de porta em porta,
ao sol e à chuva, não importa;
de repente descanso o meu ouvido
direito em minha mão direita:
minha voz me soa imperfeita,
como se nunca a tivesse ouvido.

E já não sei quem clama em meus ais,
eu ou outra pessoa.
Eu clamo por qualquer coisa à toa.
Os poetas clamam por mais.

Com os olhos eu fecho o meu rosto
e a minha mão lhe serve de encosto;
de modo que ele pareça
descansar. Para que não se esqueça
que eu também tenho um posto
para pousar a cabeça.

DAS LIED DES BLINDEN

Ich bin blind, ihr draußen, das ist ein Fluch,
ein Widerwillen, ein Widerspruch,
etwas täglich Schweres.
Ich leg meine Hand auf den Arm der Frau,
meine graue Hand auf ihr graues Grau,
und sie führt mich durch lauter Leeres.

Ihr rührt euch und rückt und bildet euch ein
anders zu klingen als Stein auf Stein,
aber ihr irrt euch: ich allein
lebe und leide und lärme.
In mir ist ein endloses Schrein
und ich weiß nicht, schreit mir mein
Herz oder meine Gedärme.

Erkennt ihr die Lieder? Ihr sanget sie nicht,
ganz in dieser Betonung.
Euch kommt jeden Morgen das neue Licht
warm in die offene Wohnung.
Und ihr habt ein Gefühl von Gesicht zu Gesicht
und das verleitet zur Schonung.

A CANÇÃO DO CEGO

Sou cego — escutem — é uma maldição,
um contrassenso, uma contradição,
não é uma doença qualquer.
Eu ponho a mão no braço da mulher,
minha mão cinzenta no seu cinza gris,
e ela só me leva para onde eu não quis.

Vocês andam, volteiam e gostam de pensar
que fazem um som diferente em seu andar,
mas estão errados: eu sozinho
vivo e vozeio o vazio.
Trago comigo um grito sem fim
e não sei se é a alma ou são as entranhas
o que grita em mim.

Já cantaram esta canção? Ninguém o saberia,
ao menos não com este acento.
Para vocês uma luz nova todo dia
vem e aquece o claro aposento.
E de olhar a olhar passa aquela energia
que induz à indulgência e ao alento.

DAS LIED DES TRINKERS

Es war nicht in mir. Es ging aus und ein.
Da wollt ich es halten. Da hielt es der Wein.
(Ich weiß nicht mehr, was es war.)
Dann hielt er mir jenes und hielt mir dies,
bis ich mich ganz auf ihn verließ.
Ich Narr.

Jetzt bin ich in seinem Spiel, und er streut
mich verächtlich herum und verliert mich noch heut
an diese Vieh, an den Tod.
Wenn der mich, schmutzige Karte, gewinnt,
so kratzt er mit mir seinen grauen Grind
und wirft mich fort in den Kot.

A CANÇÃO DO BÊBADO

Não estava em mim. Ia e voltava.
(O que aconteceu eu já não sei.)
Tentei segurar um pouco.
Por fim, a bebida é que segurava,
até que eu me entreguei.
Eu, o louco.

Agora, entro no seu jogo,
e ela me varre talvez hoje ainda, com escárnio,
para a grande besta, a morte.
Quando ela me derrota, carta gasta,
ela me giza com o cinza da sua sarna
e me joga no esgoto.

DAS LIED DES SELBSTMÖRDERS

Also noch einen Augenblick.
Daß sie mir immer wieder den Strick
zerschneiden.
Neulich war ich so gut bereit
und es war schon ein wenig Ewigkeit
in meinen Eingeweiden.

Halten sie mir den Löffel her,
diesen Löffel Leben.
Nein ich will und ich will nicht mehr,
laßt mich mich übergeben.

Ich weiß das Leben ist gar und gut
und die Welt ist ein voller Topf,
aber mir geht es nicht ins Blut,
mir steigt es nur zu Kopf.

Andere nährt es, mich macht es krank;
begreift, daß man's verschmäht.
Mindestens ein Jahrtausend lang
brauch ich jetzt Diät.

A CANÇÃO DO SUICIDA

É sempre assim: no último momento
alguém vem e me corta
a corda.
Há pouco era tão intenso o meu intento
que eu já sentia o infinito nos
intestinos.

Uma colher me é estendida,
a colher da vida.
Não, já cheguei ao limite.
Permitam-me que eu me vomite.

Sei que a vida é boa e grande
e o mundo tem beleza à beça,
mas ela não entra no meu sangue,
apenas sobe à minha cabeça.

A outros ela nutre, a mim só me afeta.
Creiam, a nem todos ela apraz.
Agora, por mil anos ou mais
vou precisar de uma dieta.

DAS LIED DER WITWE

Am Anfang war mir das Leben gut.
Es hielt mich warm, es machte mir Mut
Daß es das allen Jungen tut,
wie konnt ich das damals wissen.
Ich wußte nicht, was das Leben war —,
auf einmal war es nur Jahr und Jahr,
nicht mehr gut, nicht mehr neu, nicht mehr wunderbar,
wie mitten entzwei gerissen.

Das war nicht Seine, nicht meine Schuld;
wir hatten beide nichts als Geduld,
aber der Tod hat keine.
Ich sah ihn kommen (wie schlecht er kam),
und ich schaute ihm zu wie er nahm und nahm:
es war ja gar nicht das Meine.

Was war denn das Meine; Meines, Mein?
War mir nicht selbst mein Elendsein
nur vom Schicksal geliehn?
Das Schicksal will nicht nur das Glück,
es will die Pein und das Schrein zurück
und es kauft für alt den Ruin.

A CANÇÃO DA VIÚVA

No início, tudo era bom demais.
Dava coragem, vontade de viver,
acontece com todos os casais.
Como podia eu saber?
Nada sabia da vida. Depois
tudo foi ficando igual, ano após ano,
sem novidade, sem vigor, calor humano,
como se partido em dois.

Não foi minha nem sua deficiência;
o que não nos faltava era paciência,
mas a morte tem pressa.
Eu o via chegar (que estado, o seu!)
e o via tomar e tomar à beça.
Nada daquilo era meu.

O que era meu, meu de verdade?
Acaso foi a minha desdita
que me perdeu, então?
O destino não quer só felicidade,
quer dor e grito e contradita
e compra a ruína de segunda-mão.

Das Schicksal war da und erwarb für ein Nichts
jeden Ausdruck meines Gesichts
bis auf die Art zu gehn.
Das war ein täglicher Ausverkauf
und als ich leer war, gab es mich auf
und ließ mich offen stehn.

Sim, o destino veio e por uma pechincha
levou todos os rostos que eu tinha
e até o meu jeito de andar,
uma liquidação completa, dia a dia.
E quando, por fim, fiquei vazia,
ele me deixou só, a esperar.

DAS LIED DES IDIOTEN

Sie hindern mich nicht. Sie lassen mich gehn.
Sie sagen, es könne nichts geschehn.
Wie gut.
Es kann nichts geschehn. Alles kommt und kreist
immerfort um den heiligen Geist,
um den gewissen Geist (du weißt) —,
wie gut.

Nein, man muß wirklich nicht meinen, es sei
irgend eine Gefahr dabei.
Da ist freilich das Blut.
Das Blut ist das Schwerste. Das Blut ist schwer.
Manchmal glaub ich, ich kann nicht mehr —.
(Wie gut.)

Ah, was ist das für ein schöner Ball;
rot und rund wie ein Überall.
Gut, daß ihr ihn erschuft.
Ob der wohl kommt, wenn man ruft?

Wie sich das alles seltsam benimmt,
ineinandertreibt, auseinanderschwimmt:
freundlich, ein wenig unbestimmt.
Wie gut.

A CANÇÃO DO IDIOTA

Eles não me detêm. Deixam-me em paz.
Dizem eles que tanto faz.
Tudo bem.
Tanto faz. Tudo gira tanto
em torno do Espírito Santo,
do Espírito Certo (e quanto!).
Tudo bem.

Que ninguém pense, entretanto,
que haja risco de algum perigo.
Existe o sangue, claro, que contém
mais sangue. O sangue é pesado.
Às vezes me sinto cansado.
(Tudo bem.)

Oh! que balão belo e rotundo;
vermelho como um Todomundo.
Quem o fez é muito profundo.
Se eu chamar, será que ele vem?

Como tudo é tão esquisito,
entram juntos, nadam só consigo.
Não parece coisa de amigo.
Tudo bem.

DAS LIED DER WAISE

Ich bin Niemand und werde auch Niemand sein.
Jetzt bin ich ja zum Sein noch zu klein;
aber auch später.

Mütter und Väter,
erbarmt euch mein.

Zwar es lohnt nicht des Pflegens Müh:
ich werde doch gemäht.
Mich kann keiner brauchen: jetzt ist es zu früh
und morgen ist es zu spät.

Ich habe nur dieses eine Kleid,
es wird dünn und es verbleicht,
aber es hält eine Ewigkeit
auch noch vor Gott vielleicht.

Ich habe nur dieses bißchen Haar
(immer dasselbe blieb),
das einmal Eines Liebstes war.

Nun hat er nichts mehr lieb.

A CANÇÃO DA ÓRFÃ

Não sou ninguém e não serei ninguém.
Para ser, sou pequena demais,
mas amanhã serei também.

Mães e pais,
perdoem meus ais.

Inútil o esforço de cuidar de
mim: meu destino é o degredo.
Não tenho uso: hoje é muito cedo,
amanhã será muito tarde.

Tenho somente este vestido,
está gasto e descolorido,
mas guarda um infinito
diante de Deus, eu acredito.

Tenho sempre o mesmo cabelo
(outro não me convém);
alguém já o amou com desvelo.

Hoje, não ama ninguém.

DAS LIED DES ZWERGES

Meine Seele ist vielleicht grad und gut;
aber mein Herz, mein verbogenes Blut,
alles das, was mir wehe tut,
kann sie nicht aufrecht tragen.
Sie hat keinen Garten, sie hat kein Bett,
sie hängt an meinem scharfen Skelett
mit entsetztem Flügelschlagen.

Aus meinen Händen wird auch nichts mehr.
Wie verkümmert sie sind: sieh her:
zähe hüpfen sie, feucht und schwer,
wie kleine Kröten nach Regen.
Und das Andre an mir ist
abgetragen und alt und trist;
warum zögert Gott, auf den Mist
alles das hinzulegen.

Ob er mir zürnt für mein Gesicht
mit dem mürrischen Munde?
Es war ja so oft bereit, ganz licht
und klar zu werden im Grunde;
aber nichts kam ihm je so dicht
wie die großen Hunde.
Und die Hunde haben das nicht.

A CANÇÃO DO ANÃO

Minha alma pode estar reta e ereta
mas meu coração, meu sangue curvo,
tudo o que em mim é turvo
ela não endireita.
Não tem jardim, não tem leito,
se agarra ao meu duro esqueleto
se debatendo como as asas de um corvo.

Minhas mãos não têm mais lugar.
As duas parecem sapos
após a chuva, úmidos, pesados,
pulando de cá para lá.
E o resto de mim é par a par,
triste, velho e usado.
Por que Deus hesitou em colocar
tudo no mesmo saco?

Será que ele detesta meu rosto
por causa do meu lábio lamuriento?
Quantas vezes já esteve disposto
a ser amigável e atento;
mas nunca o vi ser visto com tanto gosto
como os molossos que eu conheci.
E eles não estão nem aí.

DAS LIED DES AUSSÄTZIGEN

Sieh ich bin einer, den alles verlassen hat.
Keiner weiß in der Stadt von mir,
Aussatz hat mich befallen.
Und ich schlage mein Klapperwerk,
klopfe mein trauriges Augenmerk
in die Ohren allen
die nahe vorübergehn.
Und die es hölzern hören, sehn
erst gar nicht her, und was hier geschehn
wollen sie nicht erfahren.

Soweit der Klang meiner Klapper reicht
bin ich zuhause; aber vielleicht
machst Du meine Klapper so laut,
daß sich keiner in meine Ferne traut
der mir jetzt aus der Nähe weicht.
So daß ich sehr lange gehen kann
ohne Mädchen, Frau oder Mann
oder Kind zu entdecken.

Tiere will ich nicht schrecken.

Ende des Gedicht-Kreises "Die Stimmer".

A CANÇÃO DO LEPROSO

Vê, fui abandonado à minha sorte.
Ninguém sabe da minha pessoa.
A lepra é o meu lote.
Minha matraca me apregoa
e bate o meu triste retrato
no ouvido de quem quer que
de mim se acerque.
Mas com ouvidos de vime
desviam de mim a vista
e ignoram que eu exista.

Até onde a matraca alcança
estou em casa, mas acaso
me fazes soá-la com tanta ânsia
que ninguém ousa entrar em minha distância
que já se estreita à minha vizinhança.
Assim posso ir longe em minha andança
sem encontrar ninguém mais,
homem, mulher ou criança.

Tento não assustar os animais.

Fim do ciclo de poemas "As Vozes".

Schlußstück

Der Tod ist groß.
Wir sind die Seinen
lachenden Munds.
Wenn wir uns mitten im Leben meinen,
wagt er zu weinen
mitten in uns.

Conclusão

A Morte é grande.
Nós, sua presa,
vamos sem receio.
Quando rimos, indo, em meio à correnteza,
chora de surpresa
em nosso meio.

NEUE GEDICHTE — I
NOVOS POEMAS — I

(1907)

Früher Apollo

Wie manches Mal durch das noch unbelaubte
Gezweig ein Morgen durchsieht, der schon ganz
im Frühling ist: so ist in seinem Haupte
nichts was verhindern könnte, daß der Glanz

aller Gedichte uns fast tödlich träfe;
denn noch kein Schatten ist in seinem Schaun,
zu kühl für Lorbeer sind noch seine Schläfe
und später erst wird aus den Augenbraun

hochstämmig sich der Rosengarten heben,
aus welchem Blätter, einzeln, ausgelöst
hintreiben werden auf des Mundes Beben,

der jetzt noch still ist, niegebraucht und blinkend
und nur mit seinem Lächeln etwas trinkend
als würde ihm sein Singen eingeflößt.

Apolo Prematuro

Como por vezes dos ramos sem flor
se entremostra a manhã tal que pareça
já primavera: nada em sua cabeça
impede que sintamos o esplendor

quase letal de todos os poemas
no seu olhar sem sombras ou centelhas,
a fronte ainda fria para emblemas,
pois só depois, do arco das sobrancelhas,

virá o jardim de rosas que se apruma,
as pétalas soltando-se, uma a uma,
a cair sobre a boca, que, tremente,

cintila já, mas sem uso, silente,
bebendo algo com o seu sorriso,
como à espera de um canto ainda impreciso.

Mädchen-Klage

Diese Neigung, in den Jahren,
da wir alle Kinder waren,
viel allein zu sein, war mild;
andern ging die Zeit im Streite,
und man hatte seine Seite,
seine Nähe, seine Weite,
einen Weg, ein Tier, ein Bild.

Und ich dachte noch, das Leben
hörte niemals auf zu geben,
daß man sich in sich besinnt.
Bin ich in mir nicht im Größten?
Will mich Meines nicht mehr trösten
und verstehen wie als Kind?

Plötzlich bin ich wie verstoßen,
und zu einem Übergroßen
wird mir diese Einsamkeit,
wenn, auf meiner Brüste Hügeln
stehend, mein Gefühl nach Flügeln
oder einem Ende schreit.

Lamento de uma Jovem

A inclinação que nos vem do passado,
quando crianças, sempre tão constante,
de sermos sós, era algo delicado;
para os demais era luta cada instante,
e cada qual tinha o seu lado,
o seu perto, o seu distante,
um chão, um cão, um quadro.

E eu ainda achava que a vida
nunca cessaria de doar,
e que é em nós mesmos o nosso lar.
Não sou em mim a minha preferida?
O que é meu não há mais de ter confiança
e me entender como quando eu era criança?

Súbito, estou como entre alheios,
e em algo que me ultrapassa
a solidão se muda em mim,
quando, do alto dos meus seios,
meus sentimentos clamam por asas
ou por um fim.

Liebes-Lied

Wie soll ich meine Seele halten, daß
sie nicht an deine rührt? Wie soll ich sie
hinheben über dich zu andern Dingen?
Ach gerne möcht ich sie bei irgendwas
Verlorenem im Dunkel unterbringen
an einer fremden stillen Stelle, die
nicht weiterschwingt, wenn deine Tiefen schwingen.
Doch alles, was uns anrührt, dich und mich,
nimmt uns zusammen wie ein Bogenstrich,
der aus zwei Saiten *eine* Stimme zieht.
Auf welches Instrument sind wir gespannt?
Und welcher Geiger hat uns in der Hand?
O süßes Lied.

Canção de Amor

Como impedir a minha alma
de tocar a tua? Como erguê-la
de ti para outras coisas, enfim?
Ah! como eu gostaria de perdê-la
nalguma região escura e calma
com coisas que não tremessem assim
quando se agita o fundo do teu ser.
Porém, tudo que toca a ti e a mim
nos une como um arco que ao tanger
dos dedos faz de duas cordas *uma* só voz.
Que instrumento as distende entre nós?
Que músico nos tem na sua mão?
Doce canção.

Eranna an Sappho

O du wilde weite Werferin:
Wie ein Speer bei andern Dingen
lag ich bei den Meinen. Dein Erklingen
warf mich weit. Ich weiß nicht wo ich bin.
Mich kann keiner wiederbringen.

Meine Schwestern denken mich und weben,
und das Haus ist voll vertrauter Schritte.
Ich allein bin fern und fortgegeben,
und ich zittere wie eine Bitte;
denn die schöne Göttin in der Mitte
ihrer Mythen glüht und lebt mein Leben.

Erana para Safo

Ó lançadora livre e louca!
Estou como uma lança solta
entre os meus. Teu som me alcançou
longe. Não sei onde estou
e ninguém pode me levar de volta.

Minhas irmãs olham-me e tecem, desoladas,
e a casa está cheia das mesmas pegadas.
Só eu estou distante e desvalida
e tremo como uma prece;
pois a bela deusa incandesce
entre seus mitos e vive a minha vida.

Sappho an Eranna

Unruh will ich über dich bringen,
schwingen will ich dich, umrankter Stab.
Wie das Sterben will ich dich durchdringen
und dich weitergeben wie das Grab
an das Alles: allen diesen Dingen.

Safo para Erana

Eu quero tumultuar tua mente,
sacudir tua haste tremente.
Atravessar-te como a morte, inteiramente,
e devassar-te como um túmulo, mudo
para todos: só isso tudo.

Gesang der Frauen an den Dichter

Sieh, wie sich alles auftut: so sind wir;
denn wir sind nichts als solche Seligkeit.
Was Blut und Dunkel war in einem Tier,
das wuchs in uns zur Seele an und schreit

als Seele weiter. Und es schreit nach dir.
Du freilich nimmst es nur in dein Gesicht
als sei es Landschaft: sanft und ohne Gier.
Und darum meinen wir, du bist es nicht,

nach dem es schreit. Und doch, bist du nicht der,
an den wir uns ganz ohne Rest verlören?
Und werden wir in irgend einem *mehr*?

Mit uns geht das Unendliche *vorbei*.
Du aber sei, du Mund, daß wir es hören,
du aber, du Uns-Sagender: du sei.

Canção das Mulheres para o Poeta

Veja, assim somos nós, é o nosso ser.
Nós: a felicidade e nada mais.
O que é sangue e breu nos animais
em nós é alma e clama para ser

mais alma. Clama, e é por você.
Você a recebe só na sua face,
como paisagem, sem que ela o ameace,
por isso nos parece que não é

a você que ela clama. E no entanto,
por quem nos perdemos, com tanta fé,
e para quem mais somos *tanto*?

Conosco o infinito se antevê.
Mas você, boca, que é o nosso encanto,
você, o-que-fala-só-para-nós: é você.

Der Tod des Dichters

Er lag. Sein aufgestelltes Antlitz war
bleich und verweigernd in den steilen Kissen,
seitdem die Welt und dieses von-ihr-Wissen,
von seinen Sinnen abgerissen,
zurückfiel an das teilnahmslose Jahr.

Die, so ihn leben sahen, wußten nicht,
wie sehr er Eines war mit allem diesen;
denn Dieses: diese Tiefen, diese Wiesen
und diese Wasser *waren* sein Gesicht.

O sein Gesicht war diese ganze Weite,
die jetzt noch zu ihm will und um ihn wirbt;
und seine Maske, die nun bang verstirbt,
ist zart und offen wie die Innenseite
von einer Frucht, die an der Luft verdirbt.

A Morte do Poeta

Jazia. A sua face, antes intensa,
pálida negação do leito frio,
desde que o mundo e tudo o que é presença,
dos seus sentidos já vazio,
se recolheu à Era da Indiferença.

Ninguém jamais podia ter suposto
que ele e tudo estivessem conjugados,
e que tudo, essas sombras, esses prados,
essa água mesma *eram* o seu rosto.

Sim, seu rosto era tudo o que quisesse
e que ainda agora o cerca e o procura;
a máscara da vida que perece
é mole e aberta como a carnadura
de um fruto que no ar, lento, apodrece.

Buddha

Als ob er horchte. Stille: eine Ferne...
Wir halten ein und hören sie nicht mehr.
Und er ist Stern. Und andre große Sterne,
die wir nicht sehen, stehen um ihn her.

O er ist Alles. Wirklich, warten wir,
daß er uns sähe? Sollte er bedürfen?
Und wenn wir hier uns vor ihm niederwürfen,
er bliebe tief und träge wie ein Tier.

Denn das, was uns zu seinen Füßen reißt,
das kreist in ihm seit Millionen Jahren.
Er, der vergißt was wir erfahren
und der erfährt was uns verweist.

Buda

Como se ele escutasse: eras distantes...
De súbito cessamos de escutá-lo.
E ele é uma estrela. E estrelas gigantes,
que não vemos, circundam o seu halo.

Ah, ele é tudo. Quem esperaria
que ele nos visse? Para que, afinal?
A seus pés, ele ainda ficaria
absurdo e absorto como um animal.

Pois que, a seus pés, o que nos dilacera
já circulou por ele há milhões de anos.
Ele, que esquece o que experimentamos
e experimenta o que não nos espera.

L'Ange du Méridien

Chartres

Im Sturm, der um die starke Kathedrale
wie ein Verneiner stürzt der denkt und denkt,
fühlt man sich zärtlicher mit einem Male
von deinem Lächeln zu dir hingelenkt:

lächelnder Engel, fühlende Figur,
mit einem Mund, gemacht aus hundert Munden:
gewahrst du gar nicht, wie dir unsre Stunden
abgleiten von der vollen Sonnenuhr,

auf der des Tages ganze Zahl zugleich,
gleich wirklich, steht in tiefem Gleichgewichte,
als wären alle Stunden reif und reich.

Was weißt du, Steinerner, von unserm Sein?
und hältst du mit noch seligerm Gesichte
vielleicht die Tafel in die Nacht hinein?

L'Ange du Méridien

Chartres

Na tormenta que ronda a catedral
como um contestador que o seu juízo
mói e remói, é um bálsamo, afinal,
ser-se atraído pelo teu sorriso:

anjo ridente, amável monumento,
com uma boca de cem bocas: não
te ocorre vislumbrar por um momento
o quanto as nossas horas já se vão

do teu relógio, onde a soma do dia
é sempre igual, em nítida harmonia,
como se as nossas horas fossem plenas.

Pétreo, como saber das nossas penas?
Acaso teu sorriso é mais risonho
à noite, quando expões a pedra em sonho?

Die Fensterrose

Da drin: das träge Treten ihrer Tatzen
macht eine Stille, die dich fast verwirrt;
und wie dann plötzlich eine von den Katzen
den Blick an ihr, der hin und wieder irrt,

gewaltsam in ihr großes Auge nimmt, —
den Blick, der, wie von eines Wirbels Kreis
ergriffen, eine kleine Weile schwimmt
und dann versinkt und nichts mehr von sich weiß,

wenn dieses Auge, welches scheinbar ruht,
sich auftut und zusammenschlägt mit Tosen
und ihn hineinreißt bis ins rote Blut —:

So griffen einstmals aus dem Dunkelsein
der Kathedralen große Fensterrosen
ein Herz und rissen es in Gott hinein.

A Rosácea

Dentro: os passos de lã de suas patas
criam a calma já quase enervante;
e como de repente uma das gatas
captura o olhar que vai e vem, errante,

abruptamente seu grande olho afoga
o olhar que, como se a um redemoinho
sugado, por alguns momentos voga
e então mergulha e esquece o seu caminho,

quando o olho, que ainda há pouco parecia
inerte, se abre e fecha e a trovejar
corta o sangue vermelho desse olhar —:

Uma rosácea, assim, dos fundos breus
das catedrais outrora arrancaria
teu coração para afogá-lo em Deus.

Gott im Mittelalter

Und sie hatten Ihn in sich erspart
und sie wollten, daß er sei und richte,
und sie hängten schließlich wie Gewichte
(zu verhindern seine Himmelfahrt)

an ihn ihrer großen Kathedralen
Last und Masse. Und er sollte nur
über seine grenzenlosen Zahlen
zeigend kreisen und wie eine Uhr

Zeichen geben ihrem Tun und Tagwerk.
Aber plötzlich kam er ganz in Gang,
und die Leute der entsetzten Stadt

ließen ihn, vor seiner Stimme bang,
weitergehn mit ausgehängtem Schlagwerk
und entflohn vor seinem Zifferblatt.

Deus na Idade Média

No íntimo deles Deus já estava preso:
em busca da divina condução,
eles O enclausuraram sob o peso
(para impedir sua ascensão)

de suas grandes catedrais,
com carga e lastro. Dele, o único labor
pedido é em seus ponteiros imortais
assinalar, como se um mostrador

de relógio, o afazer do quotidiano;
mas de repente Ele circula o rosto
por toda a parte, e o pobre ser humano,

ao ouvir sua voz terrível foge e (o
seu mecanismo interno tendo exposto)
desvia o olhar do incômodo relógio.

Morgue

Da liegen sie bereit, als ob es gälte,
nachträglich eine Handlung zu erfinden,
die mit einander und mit dieser Kälte
sie zu versöhnen weiß und zu verbinden;

denn das ist alles noch wie ohne Schluß.
Was für ein Name hätte in den Taschen
sich finden sollen? An dem Überdruß
um ihren Mund hat man herumgewaschen:

er ging nicht ab; er wurde nur ganz rein.
Die Bärte stehen, noch ein wenig härter,
doch ordentlicher im Geschmack der Wärter,

nur um die Gaffenden nicht anzuwidern.
Die Augen haben hinter ihren Lidern
sich umgewandt und schauen jetzt hinein.

Morgue

Estão prontos, ali, como a esperar
que um gesto só, ainda que tardio,
possa reconciliar com tanto frio
os corpos e um ao outro harmonizar;

como se algo faltasse para o fim.
Que nome no seu bolso já vazio
há por achar? Alguém procura, enfim,
enxugar dos seus lábios o fastio:

em vão; eles só ficam mais polidos.
A barba está mais dura, todavia
ficou mais limpa ao toque do vigia,

para não repugnar o circunstante.
Os olhos, sob a pálpebra, invertidos,
olham só para dentro, doravante.

Der Gefangene

I

Meine Hand hat nur noch eine
Gebärde, mit der sie verscheucht;
auf die alten Steine
fällt es aus Felsen feucht.

Ich höre nur dieses Klopfen
und mein Herz hält Schritt
mit dem Gehen der Tropfen
und vergeht damit.

Tropften sie doch schneller,
käme doch wieder ein Tier.
Irgendwo war es heller —.
Aber was wissen wir.

O Prisioneiro

I

A minha mão tem um gesto
ainda, com o qual afasta;
a umidade desgasta
a rocha onde resto.

Só ouço as batidas
do coração, que começa
com as gotas caídas
e com elas cessa.

Se caíssem mais depressa,
se um bicho voltasse a passar...
Já foi mais claro em algum lugar —.
Mas quem se interessa.

II

Denk dir, das was jetzt Himmel ist und Wind,
Luft deinem Mund und deinem Auge Helle,
das würde Stein bis um die kleine Stelle
an der dein Herz und deine Hände sind.

Und was jetzt in dir morgen heißt und: dann
und: späterhin und nächstes Jahr und weiter —
das würde wund in dir und voller Eiter
und schwäre nur und bräche nicht mehr an.

Und das was war, das wäre irre und
raste in dir herum, den lieben Mund
der niemals lachte, schäumend von Gelächter.

Und das was Gott war, wäre nur dein Wächter
und stopfte boshaft in das letzte Loch
ein schmutziges Auge. Und du lebtest doch.

II

Imagina que o que era céu e vento,
ar em tua boca e luz em teu olhar,
agora é pedra até o menor lugar
que o coração e as mãos têm por assento.

E o que agora é "amanhã" em ti e "avante"
"depois" e "ano vindouro" e "mais adiante" —
é só uma ferida que supura,
cheia de pus, e nunca mais se cura.

Que o que foi são agora é louco e finda
em fúria contra ti, e a boca, esta,
só riso e espuma, ela que nunca ria.

E que Deus fosse apenas o vigia,
tampando, malicioso, a última fresta
com o olho torpe. Mas vives, ainda.

Der Panther

Im Jardin des Plantes, Paris

Sein Blick ist vom Vorübergehn der Stäbe
so müd geworden, daß er nichts mehr hält.
Ihm ist, als ob es tausend Stäbe gäbe
und hinter tausend Stäben keine Welt.

Der weiche Gang geschmeidig starker Schritte,
der sich im allerkleinsten Kreise dreht,
ist wie ein Tanz von Kraft um eine Mitte,
in der betäubt ein großer Wille steht.

Nur manchmal schiebt der Vorhang der Pupille
sich lautlos auf —. Dann geht ein Bild hinein,
geht durch der Glieder angespannte Stille —
und hört im Herzen auf zu sein.

A Pantera

No Jardin des Plantes, Paris

De tanto olhar as grades seu olhar
esmoreceu e nada mais aferra.
Como se houvesse só grades na terra:
grades, apenas grades para olhar.

A onda andante e flexível do seu vulto
em círculos concêntricos decresce,
dança de força em torno a um ponto oculto
no qual um grande impulso se arrefece.

De vez em quando o fecho da pupila
se abre em silêncio. Uma imagem, então,
na tensa paz dos músculos se instila
para morrer no coração.

Die Gazelle

Gazella Dorcas

Verzauberte: wie kann der Einklang zweier
erwählter Worte je den Reim erreichen,
der in dir kommt und geht, wie auf ein Zeichen.
Aus deiner Stirne steigen Laub und Leier,

und alles Deine geht schon im Vergleich
durch Liebeslieder, deren Worte, weich
wie Rosenblätter, dem, der nicht mehr liest,
sich auf die Augen legen, die er schließt:

um dich zu sehen: hingetragen, als
wäre mit Sprüngen jeder Lauf geladen
und schösse nur nicht ab, solang der Hals

das Haupt ins Horchen hält: wie wenn beim Baden
im Wald die Badende sich unterbricht:
den Waldsee im gewendeten Gesicht.

A Gazela

Gazella Dorcas

Mágico ser: onde encontrar quem colha
duas palavras numa rima igual
a essa que pulsa em ti como um sinal?
De tua fronte se erguem lira e folha,

e tudo o que és se move em similar
canto de amor cujas palavras, quais
pétalas, vão caindo sobre o olhar
de quem fechou os olhos, sem ler mais,

para te ver: no alerta dos sentidos,
em cada perna os saltos reprimidos
sem disparar, enquanto só a fronte

a prumo, prestes, pára: assim, na fonte,
a banhista que um frêmito assustasse:
a chispa da água no voltear da face.

Sankt Sebastian

Wie ein Liegender so steht er; ganz
hingehalten von dem großen Willen.
Weitentrückt wie Mütter, wenn sie stillen,
und in sich gebunden wie ein Kranz.

Und die Pfeile kommen: jetzt und jetzt
und als sprängen sie aus seinen Lenden,
eisern bebend mit den freien Enden.
Doch er lächelt dunkel, unverletzt.

Einmal nur wird seine Trauer groß,
und die Augen liegen schmerzlich bloß,
bis sie etwas leugnen, wie Geringes,
und als ließen sie verächtlich los
die Vernichter eines schönen Dinges.

São Sebastião

Como alguém que jazesse, está de pé,
sustentado por sua grande fé.
Como mãe que amamenta, a tudo alheia,
grinalda que a si mesma se cerceia.

E as setas chegam: de espaço em espaço,
como se de seu corpo desferidas,
tremendo em suas pontas soltas de aço.
Mas ele ri, incólume, às feridas.

Num só passo a tristeza sobrevém
e em seus olhos doridos se detém,
até que a neguem, como bagatela,
e como se poupassem com desdém
os destrutores de uma coisa bela.

Der Engel

Mit einem Neigen seiner Stirne weist
er weit von sich was einschränkt und verpflichtet;
denn durch sein Herz geht riesig aufgerichtet
das ewig Kommende das kreist.

Die tiefen Himmel stehn ihm voll Gestalten,
und jede kann ihm rufen: komm, erkenn —.
Gieb seinen leichten Händen nichts zu halten
aus deinem Lastenden. Sie kämen denn

bei Nacht zu dir, dich ringender zu prüfen,
und gingen wie Erzürnte durch das Haus
und griffen dich als ob sie dich erschüfen
und brächen dich aus deiner Form heraus.

O Anjo

Com um mover da fronte ele descarta
tudo o que obriga, tudo o que coarta,
pois em seu coração, quando ela o adentra,
a eterna Vinda os círculos concentra.

O céu com muitas formas lhe aparece
e cada qual demanda: vem, conhece —.
Não dês às suas mãos ligeiras nem
um só fardo; pois ele, à noite, vem

à tua casa conferir teu peso,
cheio de ira, e com a mão mais dura,
como se fosses sua criatura,
te arranca do teu molde com desprezo.

Der Schwan

Diese Mühsal, durch noch Ungetanes
schwer und wie gebunden hinzugehn,
gleicht dem ungeschaffnen Gang des Schwanes.

Und das Sterben, dieses Nichtmehrfassen
jenes Grunds, auf dem wir täglich stehn,
seinem ängstlichen Sich-Niederlassen -:

in die Wasser, die ihn sanft empfangen
und die sich, wie glücklich und vergangen,
unter ihm zurückziehn, Flut um Flut;
während er unendlich still und sicher
immer mündiger und königlicher
und gelassener zu ziehn geruht.

O Cisne

Esta fadiga do ainda não-feito,
como se preso ao chão, pesado,
é como o cisne, indeciso em seu jeito

de andar. E a morte, esse progresso
insólito a um não-solo ignorado,
tem algo do seu vacilante ingresso

na água em que se vai com suavidade,
e que de tão feliz com sua ronda
flui-lhe por sob as penas, onda a onda;
e ele, infinitamente calmo e consciente,
com plena confiança e majestade,
digna-se a deslizar serenamente.

Der Dichter

Du entfernst dich von mir, du Stunde.
Wunden schlägt mir dein Flügelschlag.
Allein: was soll ich mit meinem Munde?
mit meiner Nacht? mit meinem Tag?

Ich habe keine Geliebte, kein Haus,
keine Stelle auf der ich lebe.
Alle Dinge, an die ich mich gebe,
werden reich und geben mich aus.

O Poeta

Já te despedes de mim, Hora.
Teu golpe de asa é o meu açoite.
Só: da boca o que faço agora?
Que faço do dia, da noite?

Sem paz, sem amor, sem teto,
caminho pela vida afora.
Tudo aquilo em que ponho afeto
fica mais rico e me devora.

Die Genesende

Wie ein Singen kommt und geht in Gassen
und sich nähert und sich wieder scheut,
flügelschlagend, manchmal fast zu fassen
und dann wieder weit hinausgestreut:

spielt mit der Genesenden das Leben;
während sie, geschwächt und ausgeruht,
unbeholfen, um sich hinzugeben,
eine ungewohnte Geste tut.

Und sie fühlt es beinah wie Verführung,
wenn die hartgewordne Hand, darin
Fieber waren voller Widersinn,
fernher, wie mit blühender Berührung,
zu liebkosen kommt ihr hartes Kinn.

A Convalescente

Como a canção que vem e vai na rua,
que chega perto e logo mais decresce,
quase inaudível, alça-se e flutua
e depois outra vez desaparece,

a vida brinca na convalescente,
enquanto débil, em seu leito, mal-
-azada, como quem se entrega, ausente,
ela perfaz um gesto inusual.

E é quase sedução o que ela sente
quando a mão rígida, que o fogo obscuro
da febre já incendiou, suavemente,
de longe, como um toque florescente,
consegue acariciar-lhe o queixo duro.

Die Erblindende

Sie saß so wie die anderen beim Tee.
Mir war zuerst, als ob sie ihre Tasse
ein wenig anders als die andern fasse.
Sie lächelte einmal. Es tat fast weh.

Und als man schließlich sich erhob und sprach
und langsam und wie es der Zufall brachte
durch viele Zimmer ging (man sprach und lachte),
da sah ich sie. Sie ging den andern nach,

verhalten, so wie eine, welche gleich
wird singen müssen und vor vielen Leuten;
auf ihren hellen Augen die sich freuten
war Licht von außen wie auf einem Teich.

Sie folgte langsam und sie brauchte lang
als wäre etwas noch nicht überstiegen;
und doch: als ob, nach einem Übergang,
sie nicht mehr gehen würde, sondern fliegen.

A Que Vai Ficar Cega

Ela sentou-se como as outras para o chá.
Me pareceu então que segurava a taça
de um jeito diferente das que estavam lá.
Pouco depois sorriu. Um sorriso sem graça.

Quando se levantaram, enfim, conversando,
e juntas percorreram numerosas salas,
devagar, ao acaso (entre risos e falas),
de súbito, eu a vi. Ela seguia o bando

das outras, concentrada, como alguém que deve
cantar diante de um grande público em instantes.
Sobre seus olhos claros e rejubilantes,
como a incidir num lago, a luz caía, leve.

Precisava de espaço. Andava lentamente.
Andava quase como se não fosse andar.
Como se houvesse algum degrau à sua frente.
Como se, de repente, ela fosse voar.

Blaue Hortensie

So wie das letzte Grün in Farbentiegeln
sind diese Blätter, trocken, stumpf und rauh,
hinter den Blütendolden, die ein Blau
nicht auf sich tragen, nur von ferne spiegeln.

Sie spiegeln es verweint und ungenau,
als wollten sie es wiederum verlieren,
und wie in alten blauen Briefpapieren
ist Gelb in ihnen, Violett und Grau;

Verwaschnes wie an einer Kinderschürze,
Nichtmehrgetragnes, dem nichts mehr geschieht:
wie fühlt man eines kleinen Lebens Kürze.

Doch plötzlich scheint das Blau sich zu verneuen
in einer von den Dolden, und man sieht
ein rührend Blaues sich vor Grünem freuen.

Hortênsia Azul

Como um último verde em um pote de tinta
as folhas têm um tom áspero, seco, velho,
sob umbelas em flor que um azul pinta
do falso azul que é o seu remoto espelho.

Tosco espelho sem luz, choroso e baço,
como que prestes a perder o tom postiço,
como antigo papel de carta já sem viço,
onde o amarelo, o roxo e o cinza deixam traço;

desbotado como o avental de uma criança
que não foi mais usado e agora só descansa:
como uma vida breve que se extingue.

Mas de repente o azul quer como que viver de
novo em alguma umbela e se distingue
um comovente azul sorrir de verde.

Der König

Der König ist sechzehn Jahre alt.
Sechzehn Jahre und schon der Staat.
Er schaut, wie aus einem Hinterhalt,
vorbei an den Greisen vom Rat

in den Saal hinein und irgendwohin
und fühlt vielleicht nur dies:
an dem schmalen langen harten Kinn
die kalte Kette vom Vlies.

Das Todesurteil vor ihm bleibt
lang ohne Namenszug.
Und sie denken: wie er sich quält.

Sie wüßten, kennten sie ihn genug,
daß er nur langsam bis siebzig zählt
eh er es unterschreibt.

O Rei

O rei tem só dezesseis anos e
já é o Estado.
Como de uma emboscada, vê,
por entre os velhos do Senado,

a sala, de olhos fitos muito além,
e talvez sinta apenas o frio
do colar de ouro que mantém
sob o queixo longo, duro e esguio.

A sentença de morte à sua frente
há longo tempo aguarda sem
seu nome. Pensam: "Como se tortura..."

Mal sabem que ele simplesmente
conta, devagar, até cem
antes de apor a assinatura.

Der Fahnenträger

Die Andern fühlen alles an sich rauh
und ohne Anteil: Eisen, Zeug und Leder.
Zwar manchmal schmeichelt eine weiche Feder,
doch sehr allein und lieb-los ist ein jeder;
er aber trägt — als trüg er eine Frau —
die Fahne in dem feierlichen Kleide.
Dicht hinter ihm geht ihre schwere Seide,
die manchmal über seine Hände fließt.

Er kann allein, wenn er die Augen schließt,
ein Lächeln sehn: er darf sie nicht verlassen. —

Und wenn es kommt in blitzenden Kürassen
und nach ihr greift und ringt und will sie fassen —:

dann darf er sie abreißen von dem Stocke
als riß er sie aus ihrem Mädchentum,
um sie zu halten unterm Waffenrocke.

Und für die Andern ist das Mut und Ruhm.

O Porta-Bandeira

Para os outros é só matéria dura
e sem afeto: ferro, couro, roupa.
Às vezes uma branca pluma os poupa,
mas cada qual é só e sem ternura;
ele, porém — como que tendo a guarda
de uma mulher — vela pela bandeira.
Sente o peso da seda à retaguarda,
e às vezes de suas mãos ela se abeira.

Só quando fecha os olhos lhe acontece
ver um sorriso: que jamais esquece. —

E quando vêm, couraças rebrilhantes,
dispostos a aferrá-la com seus guantes —:

ele a arranca da sua própria haste,
como se lhe arrancasse a virgindade,
para guardá-la sob a vestidura.

E para os outros, a glória e a bravura.

Der Letzte Graf von Brederode entzieht sich türkischer Gefangenschaft

Sie folgten furchtbar; ihren bunten Tod
von ferne nach ihm werfend, während er
verloren floh, nichts weiter als: bedroht.
Die Ferne seiner Väter schien nicht mehr

für ihn zu gelten; denn um so zu fliehn,
genügt ein Tier vor Jägern. Bis der Fluß
aufrauschte nah und blitzend. Ein Entschluß
hob ihn samt seiner Not und machte ihn

wieder zum Knaben fürstlichen Geblütes.
Ein Lächeln adeliger Frauen goß
noch einmal Süßigkeit in sein verfrühtes

vollendetes Gesicht. Er zwang sein Roß,
groß wie sein Herz zu gehn, sein blutdurchglühtes;
es trug ihn in den Strom wie in sein Schloß.

O Último Conde de Brederode Foge do Cativeiro Turco

Já estavam perto: a multiforme caça
da morte, em toda a parte; e ele fugia,
sem direção, sem paz: tudo ameaça.
A linhagem do pai não parecia

mais ter valia; só se alarma assim
presa ante predador. Até que o rio
surgiu, em som e luz. Algo, por fim,
acendeu no seu peito o antigo brio,

e um menino voltou a habitá-lo,
de sangue azul. O riso de uma dama
passou de leve por seu rosto belo,

já inteiro. Esporeou o seu cavalo,
o coração pulsando em toda a flama,
e entrou nas águas como em seu castelo.

Die Kurtisane

Venedigs Sonne wird in meinem Haar
ein Gold bereiten: aller Alchemie
erlauchten Ausgang. Meine Brauen, die
den Brücken gleichen, siehst du sie

hinführen ob der lautlosen Gefahr
der Augen, die ein heimlicher Verkehr
an die Kanäle schließt, so daß das Meer
in ihnen steigt und fällt und wechselt. Wer

mich einmal sah, beneidet meinen Hund,
weil sich auf ihm oft in zerstreuter Pause
die Hand, die nie an keiner Glut verkohlt,

die unverwundbare, geschmückt, erholt —.
Und Knaben, Hoffnungen aus altem Hause,
gehn wie an Gift an meinem Mund zugrund.

A Cortesã

Veneza com seu sol de mil centelhas
faz ouro em meus cabelos: a alquimia
cumpre o seu fim. As minhas sobrancelhas,
como pontes, sustêm a travessia

que a um perigo sinistro se destina:
meus olhos, que uma via clandestina
interliga aos canais, para que o mar
possa neles subir, descer, mudar.

Quem já me viu inveja o meu cãozinho
de estimação, que acaso acaricia
a minha mão sem tisne, cor de arminho,

com dedos bem tratados, finos, sábios —.
E os jovens da mais alta fidalguia
sucumbem no veneno dos meus lábios.

Die Treppe der Orangerie

Versailles

Wie Könige die schließlich nur noch schreiten
fast ohne Ziel, nur um von Zeit zu Zeit
sich den Verneigenden auf beiden Seiten
zu zeigen in des Mantels Einsamkeit —:

so steigt, allein zwischen den Balustraden,
die sich verneigen schon seit Anbeginn,
die Treppe: langsam und von Gottes Gnaden
und auf den Himmel zu und nirgends hin;

als ob sie allen Folgenden befahl
zurückzubleiben, — so daß sie nicht wagen
von ferne nachzugehen; nicht einmal
die schwere Schleppe durfte einer tragen.

A Escadaria do Orangerie

Versailles

Como reis velhos que ainda passeiam
sem propósito algum, de quando em quando,
só para receber dos que o rodeiam
mesuras para a solidão do manto —:

sozinha e lenta, em meio à balaustrada
que se curvou a ela desde o início,
a escadaria, por divino ofício,
ergue-se aos céus até chegar ao nada;

como se ela ordenasse ao seu cortejo
ficar de longe, vedada a passagem
aos mais, por não lhe ser nenhum desejo
digno de alçar a cauda da roupagem.

Der Marmor-Karren

Paris

Auf Pferde, sieben ziehende, verteilt,
verwandelt Niebewegtes sich in Schritte;
denn was hochmütig in des Marmors Mitte
an Alter, Widerstand und All verweilt,

das zeigt sich unter Menschen. Siehe, nicht
unkenntlich, unter irgend einem Namen,
nein: wie der Held das Drängen in den Dramen
erst sichtbar macht und plötzlich unterbricht:

so kommt es durch den stauenden Verlauf
des Tages, kommt in seinem ganzen Staate,
als ob ein großer Triumphator nahte

langsam zuletzt; und langsam vor ihm her
Gefangene, von seiner Schwere schwer.
Und naht noch immer und hält alles auf.

O Carro de Mármore

Paris

Sobre os cavalos, sete, em seu tropel, à parte,
o imobilizado se transforma em passos;
porque o que dura em mármore nos traços
altivos da memória, resistência e arte,

mostra-se entre os humanos. Vê, não sob qualquer
nome, não estranhável nem ininterrupto:
tal como o herói no drama, se ele o rompe, abrupto,
faz conhecer primeiro o impulso que o requer:

ei-lo que vem, assim, no dia que ralenta
o curso, com todas as pompas, imponente,
como um conquistador prestes a triunfar

lentamente por fim; à frente dele, lenta-
mente, os escravos, curvos ao seu peso. E, rente,
ele chega mais perto e faz tudo parar.

Buddha

Schon von ferne fühlt der fremde scheue
Pilger, wie es golden von ihm träuft;
so als hätten Reiche voller Reue
ihre Heimlichkeiten aufgehäuft.

Aber näher kommend wird er irre
vor der Hoheit dieser Augenbraun:
denn das sind nicht ihre Trinkgeschirre
und die Ohrgehänge ihrer Fraun.

Wüßte einer denn zu sagen, welche
Dinge eingeschmolzen wurden, um
dieses Bild auf diesem Blumenkelche

aufzurichten: stummer, ruhiggelber
als ein goldenes und rundherum
auch den Raum berührend wie sich selber.

Buda [2]

O peregrino que, desavisado,
vai olhar, sente a irradiação de ouro;
como se, no lugar, mais de um reinado
guardasse com remorso o seu tesouro.

Olha, confuso, ao se chegar, em face
das sobrancelhas altas e abstratas
que, quando contempladas, brilham mais
que os brincos da mulher e suas pratas.

Quem nos dirá o que fez o escultor
para cortar o molde com tal arte
que o pôs num cálice, como uma flor,

mais rico em suavidade, menos baço
que qualquer peça de ouro, e em toda parte
em contato consigo e com o espaço?

Das Karussell

Jardin du Luxembourg

Mit einem Dach und seinem Schatten dreht
sich eine kleine Weile der Bestand
von bunten Pferden, alle aus dem Land,
das lange zögert, eh es untergeht.
Zwar manche sind an Wagen angespannt,
doch alle haben Mut in ihren Mienen;
ein böser roter Löwe geht mit ihnen
und dann und wann ein weißer Elefant.

Sogar ein Hirsch ist da, ganz wie im Wald,
nur daß er einen Sattel trägt und drüber
ein kleines blaues Mädchen aufgeschnallt.

Und auf dem Löwen reitet weiß ein Junge
und hält sich mit der kleinen heißen Hand,
dieweil der Löwe Zähne zeigt und Zunge.

Und dann und wann ein weißer Elefant.

Und auf den Pferden kommen sie vorüber,
auch Mädchen, helle, diesem Pferdesprunge
fast schon entwachsen; mitten in dem Schwunge
schauen sie auf, irgendwohin, herüber —

O Carrossel

Jardin du Luxembourg

Com um teto e suas sombras ele gira
por um momento a rápida fileira
de cavalos pintados, fugidios,
da terra que hesitante se retira.
Alguns estão pregados ao seu banco,
mas têm rostos audazes e bravios;
um leão vermelho exibe a cabeleira;
de quando em quando um elefante branco.

Até um cervo, como na floresta,
só que tem uma sela e sobre ela
uma menina azul se refestela.

Sobre o leão há um menino alvo
que se firmou com as mãozinhas quentes
e o leão bravo mostra a língua e os dentes.

De quando em quando um elefante branco.

Ali vêm eles sobre os seus cavalos,
as meninas também, em pleno salto,
entre as rédeas, luzindo, a cavalgá-los,
como soltas no espaço, olhando do alto —

Und dann und wann ein weißer Elefant.

Und das geht hin und eilt sich, daß es endet,
und kreist und dreht sich nur und hat kein Ziel.
Ein Rot, ein Grün, ein Grau vorbeigesendet,
ein kleines kaum begonnenes Profil —.
Und manchesmal ein Lächeln, hergewendet,
ein seliges, das blendet und verschwendet
an dieses atemlose blinde Spiel…

De quando em quando um elefante branco.

E lá se vai ele girando atrás,
girando apenas, sem um fim preciso,
vermelho, verde, cinza; indeciso,
um pequeno perfil passa fugaz —.
E algumas vezes faísca um sorriso
de alegria, que brilha e se desfaz
nesse jogo sem fôlego e sem siso...

Römische Fontäne

Borghese

Zwei Becken, eins das andre übersteigend
aus einem alten runden Marmorrand,
und aus dem oberen Wasser leis sich neigend
zum Wasser, welches unten wartend stand,

dem leise redenden entgegenschweigend
und heimlich, gleichsam in der hohlen Hand,
ihm Himmel hinter Grün und Dunkel zeigend
wie einen unbekannten Gegenstand;

sich selber ruhig in der schönen Schale
verbreitend ohne Heimweh, Kreis aus Kreis,
nur manchmal träumerisch und tropfenweis

sich niederlassend an den Moosbehängen
zum letzten Spiegel, der sein Becken leis
von unten lächeln macht mit Übergängen.

Fonte Romana

Borghese

Duas velhas bacias sobrepondo
suas bordas de mármore redondo.
Do alto a água fluindo, devagar,
sobre a água, mais em baixo, a esperar,

muda, ao murmúrio, em diálogo secreto,
como que só no côncavo da mão,
entremostrando um singular objeto:
o céu, atrás de verde escuridão;

ela mesma a escorrer na bela pia,
em círculos e círculos, constante-
mente, impassível e sem nostalgia,

descendo pelo musgo circundante
ao espelho da última bacia
que faz sorrir, fechando a travessia.

Spanische Tänzerin

Wie in der Hand ein Schwefelzündholz, weiß,
eh es zur Flamme kommt, nach allen Seiten
zuckende Zungen streckt —: beginnt im Kreis
naher Beschauer hastig, hell und heiß
ihr runder Tanz sich zuckend auszubreiten.

Und plötzlich ist er Flamme, ganz und gar.

Mit einem Blick entzündet sie ihr Haar
und dreht auf einmal mit gewagter Kunst
ihr ganzes Kleid in diese Feuersbrunst,
aus welcher sich, wie Schlangen die erschrecken,
die nackten Arme wach und klappernd strecken.

Und dann: als würde ihr das Feuer knapp,
nimmt sie es ganz zusamm und wirft es ab
sehr herrisch, mit hochmütiger Gebärde
und schaut: da liegt es rasend auf der Erde
und flammt noch immer und ergiebt sich nicht —.
Doch sieghaft, sicher und mit einem süßen
grüßenden Lächeln hebt sie ihr Gesicht
und stampft es aus mit kleinen festen Füßen.

Dançarina Espanhola

Como um fósforo a arder antes que cresça
a flama, distendendo em raios brancos
suas línguas de luz, assim começa
e se alastra ao redor, ágil e ardente,
a dança em arco aos trêmulos arrancos.

E logo ela é só flama, inteiramente.

Com um olhar põe fogo nos cabelos
e com a arte sutil dos tornozelos
incendeia também os seus vestidos
de onde, serpentes doidas, a rompê-los
saltam os braços nus com estalidos.

Então, como se fosse um feixe aceso,
colhe o fogo num gesto de desprezo,
atira-o bruscamente no tablado
e o contempla. Ei-lo ao rés do chão, irado,
a sustentar ainda a chama viva.
Mas ela, do alto, num leve sorriso
de saudação, erguendo a fronte altiva,
pisa-o com seu pequeno pé preciso.

Die Insel

Nordsee

I

Die nächste Flut verwischt den Weg im Watt,
und alles wird auf allen Seiten gleich;
die kleine Insel draußen aber hat
die Augen zu; verwirrend kreist der Deich

um ihre Wohner, die in einen Schlaf
geboren werden, drin sie viele Welten
verwechseln, schweigend; denn sie reden selten,
und jeder Satz ist wie ein Epitaph

für etwas Angeschwemmtes, Unbekanntes,
das unerklärt zu ihnen kommt und bleibt.
Und so ist alles was ihr Blick beschreibt

von Kindheit an: nicht auf sie Angewandtes,
zu Großes, Rücksichtsloses, Hergesandtes,
das ihre Einsamkeit noch übertreibt.

A Ilha

Mar do Norte

I

A maré cobrirá estrada e areia
e tudo há de ficar equivalente,
mas a pequena ilha, indiferente,
fecha os olhos; um dique, além, rodeia

seus habitantes; o sono que os gera
em muitos mundos confundiu a espera
calada: sua fala é muito rara;
cada sentença é um epitáfio para

algo que o mar lavou na praia, alheio,
que chega e fica sem explicação.
E assim é tudo o que lhes cai no olhar,

desde a infância: são coisas de outro meio,
grandes demais, sem uso, sem lugar,
que só aumentam sua solidão.

II

Als läge er in einem Krater-Kreise
auf einem Mond: ist jeder Hof umdämmt,
und drin die Gärten sind auf gleiche Weise
gekleidet und wie Waisen gleich gekämmt

von jenem Sturm, der sie so rauh erzieht
und tagelang sie bange macht mit Toden.
Dann sitzt man in den Häusern drin und sieht
in schiefen Spiegeln was auf den Kommoden

Seltsames steht. Und einer von den Söhnen
tritt abends vor die Tür und zieht ein Tönen
aus der Harmonika wie Weinen weich;

so hörte ers in einem fremden Hafen —.
Und draußen formt sich eines von den Schafen
ganz groß, fast drohend, auf dem Außendeich.

II

Como numa cratera circular
de lua: as fazendas, cada qual
cercada por um dique, par a par;
como órfãos, penteados por igual

pelo tufão que as trata com dureza
e mostra-lhes a morte todo dia.
Então, alguém senta-se em casa e espia
em espelhos oblíquos o que à mesa,

raro, restou. Um jovem da família
abre a porta, ao crepúsculo, e dedilha
o harmônio, como um choro, suavemente;

ele ouvira a canção num porto estranho —.
Lá fora, sobre o dique, do rebanho
das nuvens, uma infla-se, iminente.

III

Nah ist nur Innres; alles andre fern.
Und dieses Innere gedrängt und täglich
mit allem überfüllt und ganz unsäglich.
Die Insel ist wie ein zu kleiner Stern

welchen der Raum nicht merkt und stumm zerstört
in seinem unbewußten Furchtbarsein,
so daß er, unerhellt und überhört,
allein

damit dies alles doch ein Ende nehme
dunkel auf einer selbsterfundnen Bahn
versucht zu gehen, blindlings, nicht im Plan
der Wandelsterne, Sonnen und Systeme.

III

Só o que é interno é perto; o mais, distante.
E esse interno é tão denso e a cada instante
mais denso ainda. Impossível descrevê-la.
A ilha é como uma pequena estrela

que o espaço esqueceu e, muda, so-
me em seu insconsciente horror de astro,
de modo que, sem luz, sem deixar rastro,
só

como ainda a buscar metas extremas,
obscura, em sua autoinventada via,
prossegue, em rumo cego, à revelia
dos planetas, dos sóis e dos sistemas.

Hetären-Gräber

In ihren langen Haaren liegen sie
mit braunen, tief in sich gegangenen Gesichtern.
Die Augen zu wie vor zu vieler Ferne.
Skelette, Munde, Blumen. In den Munden
die glatten Zähne wie ein Reise-Schachspiel
aus Elfenbein in Reihen aufgestellt.
Und Blumen, gelbe Perlen, schlanke Knochen,
Hände und Hemden, welkende Gewebe
über dem eingestürzten Herzen. Aber
dort unter jenen Ringen, Talismanen
und augenblauen Steinen (Lieblings-Angedenken)
steht noch die stille Krypta des Geschlechtes,
bis an die Wölbung voll mit Blumenblättern.
Und wieder gelbe Perlen, weitverrollte, —
Schalen gebrannten Tones, deren Bug
ihr eignes Bild geziert hat, grüne Scherben
von Salben-Vasen, die wie Blumen duften,
und Formen kleiner Götter: Hausaltäre,
Hetärenhimmel mit entzückten Göttern.
Gesprengte Gürtel, flache Skarabäen,
kleine Figuren riesigen Geschlechtes,
ein Mund der lacht und Tanzende und Läufer,
goldene Fibeln, kleinen Bogen ähnlich
zur Jagd auf Tier- und Vogelamulette,

Tumbas das Hetaíras

Em seus longos cabelos elas jazem,
rostos escuros, encerrados em si mesmos,
olhos cerrados como se distantes.
Esqueletos e bocas, flores. E nas bocas
dentes polidos, como num xadrez de bolso,
peças enfileiradas em marfim.
Flores, pérolas amarelas, ossos finos
e mãos e mantas, murchas vestimentas,
e lá no fundo, o coração cravado.
Mas sob anéis e talismãs e pedras
de olhos azuis (regalos preferidos),
ainda resta, em sua cripta, o sexo mudo,
cumulado de pétalas de flores.
Pérolas amarelas, ainda, esparsas, —
pratos de terracota, curvos, adornados
de suas imagens, cacos verdoengos
de jarras de óleo olentes como flores,
miniaturas de deuses e altares,
céus de hetaíras, deuses desejantes.
Cintos soltos, escaravelhos-pedras,
vultos pequenos com enormes falos,
boca ridente, atletas, dançarinas,
fíbulas de ouro, como arcos de caça
para amuletos de animais e pássaros,

und lange Nadeln, zieres Hausgeräte
und eine runde Scherbe roten Grundes,
darauf, wie eines Eingangs schwarze Aufschrift,
die straffen Beine eines Viergespannes.
Und wieder Blumen, Perlen, die verrollt sind,
die hellen Lenden einer kleinen Leier,
und zwischen Schleiern, die gleich Nebeln fallen,
wie ausgekrochen aus des Schuhes Puppe:
des Fußgelenkes leichter Schmetterling.

So liegen sie mit Dingen angefüllt,
kostbaren Dingen, Steinen, Spielzeug, Hausrat,
zerschlagnem Tand (was alles in sie abfiel),
und dunkeln wie der Grund von einem Fluß.

Flußbetten waren sie,
darüber hin in kurzen schnellen Wellen
(die weiter wollten zu dem nächsten Leben)
die Leiber vieler Jünglinge sich stürzten
und in denen der Männer Ströme rauschten.
Und manchmal brachen Knaben aus den Bergen
der Kindheit, kamen zagen Falles nieder
und spielten mit den Dingen auf dem Grunde,
bis das Gefälle ihr Gefühl ergriff:

e agulhas finas, utensílios raros,
e sobre um vaso circular, vermelho,
como a negra inscrição de algum portal,
as pernas rígidas de uma quadriga.
De novo flores, pérolas roladas,
as ancas lisas da pequena lira,
e dentre os véus que caem como névoa,
como se de crisálidas-sandálias:
a borboleta leve de um artelho.

Jazem assim, acúmulo de coisas,
coisas preciosas, pedras, joias, jogos,
bagatelas (caídas sobre elas)
no escuro, como se o leito de um rio.

Pois elas foram rios,
e em ondas breves e velozes, nelas,
precipitaram-se os corpos de jovens
(que ansiavam só por uma vida nova)
e torrentes de homens irromperam.
E às vezes os meninos das colinas
da infância vinham em tímidas quedas,
brincavam com as coisas até quando
a cachoeira enchia os seus sentidos:

Dann füllten sie mit flachem klaren Wasser
die ganze Breite dieses breiten Weges
und trieben Wirbel an den tiefen Stellen;
und spiegelten zum ersten Mal die Ufer
und ferne Vogelrufe —, während hoch
die Sternennächte eines süßen Landes
in Himmel wuchsen, die sich nirgends schlossen.

Então davam à água rasa e clara
toda a extensão dos cursos expansivos
e enfrentavam remoinhos e águas fundas,
refletindo, pela primeira vez, as margens
e a voz dos pássaros ao longe —, e as noites
estelares de um país ameno abriam
um céu que nunca mais se fecharia.

Orpheus. Eurydike. Hermes

Das war der Seelen wunderliches Bergwerk.
Wie stille Silbererze gingen sie
als Adern durch sein Dunkel. Zwischen Wurzeln
entsprang das Blut, das fortgeht zu den Menschen,
und schwer wie Porphyr sah es aus im Dunkel.
Sonst war nichts Rotes.

Felsen waren da
und wesenlose Wälder. Brücken über Leeres
und jener große graue blinde Teich,
der über seinem fernen Grunde hing
wie Regenhimmel über einer Landschaft.
Und zwischen Wiesen, sanft und voller Langmut,
erschien des einen Weges blasser Streifen,
wie eine lange Bleiche hingelegt.

Und dieses einen Weges kamen sie.

Voran der schlanke Mann im blauen Mantel,
der stumm und ungeduldig vor sich aussah.
Ohne zu kauen fraß sein Schritt den Weg
in großen Bissen; seine Hände hingen
schwer und verschlossen aus dem Fall der Falten
und wußten nicht mehr von der leichten Leier,
die in die Linke eingewachsen war
wie Rosenranken in den Ast des Ölbaums.

Orfeu. Eurídice. Hermes

Eram as minas ásperas das almas.
Como veios de prata caminhavam
silentes pela treva. Das raízes
brotava o sangue que parece aos vivos,
na treva, duro como pórfiro. Depois
nada mais foi vermelho.

Somente rochas,
bosques imateriais. Pontes sobre o vazio
e o lago imenso, cinza, cego,
que sobre o fundo jaz, distante, como
um céu de chuva sobre uma paisagem.
Por entre os prados, suave, em plena calma,
deitado, como longa veia branca,
via-se o risco pálido da estrada.

Desta única via vinham eles.

À frente o homem com o manto azul,
esguio, olhar em alvo, mudo, inquieto.
Sem mastigar, seu passo devorava a estrada
em grandes tragos; suas mãos pendiam
rígidas, graves, das dobras das vestes
e não sabiam mais da leve lira
que brotava da ilharga como um feixe
de rosas dentre ramos de oliveira.

Und seine Sinne waren wie entzweit:
indes der Blick ihm wie ein Hund vorauslief,
umkehrte, kam und immer wieder weit
und wartend an der nächsten Wendung stand, —
blieb sein Gehör wie ein Geruch zurück.
Manchmal erschien es ihm als reichte es
bis an das Gehen jener beiden andern,
die folgen sollten diesen ganzen Aufstieg.
Dann wieder wars nur seines Steigens Nachklang
und seines Mantels Wind was hinter ihm war.
Er aber sagte sich, sie kämen doch;
sagte es laut und hörte sich verhallen.
Sie kämen doch, nur wärens zwei
die furchtbar leise gingen. Dürfte er
sich einmal wenden (wäre das Zurückschaun
nicht die Zersetzung dieses ganzen Werkes,
das erst vollbracht wird), müßte er sie sehen,
die beiden Leisen, die ihm schweigend nachgehn:

Den Gott des Ganges und der weiten Botschaft,
die Reisehaube über hellen Augen,
den schlanken Stab hertragend vor dem Leibe
und flügelschlagend an den Fußgelenken;
und seiner linken Hand gegeben: *sie*.

Seus sentidos estavam em discórdia:
o olhar corria adiante como um cão,
voltava, presto, e logo andava longe,
parando, alerta, na primeira curva,
mas o ouvido estacava como um faro.
Às vezes parecia-lhe sentir
a lenta caminhada dos dois outros
que o acompanhavam pela mesma senda.
Mas só restava o eco dos seus passos
a subir e do vento no seu manto.
A si mesmo dizia que eles vinham.
Gritava, ouvindo a voz esmorecer.
Eles vinham, os dois, vinham atrás,
em tardo caminhar. Se ele pudesse
voltar-se uma só vez (se contemplá-los
não fosse o fim de todo o empreendimento
nunca antes intentado) então veria
as duas sombras a seguir, silentes:

o deus das longas rotas e mensagens,
o capacete sobre os olhos claros,
o fino caduceu diante do corpo,
um palpitar de asas junto aos pés
e, confiada à mão esquerda: *ela*.

Die So-geliebte, daß aus einer Leier
mehr Klage kam als je aus Klagefrauen;
daß eine Welt aus Klage ward, in der
alles noch einmal da war: Wald und Tal
und Weg und Ortschaft, Feld und Fluß und Tier;
und daß um diese Klage-Welt, ganz so
wie um die andre Erde, eine Sonne
und ein gestirnter stiller Himmel ging,
ein Klage-Himmel mit entstellten Sternen —:
Diese So-geliebte.

Sie aber ging an jenes Gottes Hand,
den Schrittbeschränkt von langen Leichenbändern,
unsicher, sanft und ohne Ungeduld.
Sie war in sich, wie Eine hoher Hoffnung,
und dachte nicht des Mannes, der voranging,
und nicht des Weges, der ins Leben aufstieg.
Sie war in sich. Und ihr Gestorbensein
erfüllte sie wie Fülle.
Wie eine Frucht von Süßigkeit und Dunkel,
so war sie voll von ihrem großen Tode,
der also neu war, daß sie nichts begriff.

Sie war in einem neuen Mädchentum
und unberührbar; ihr Geschlecht war zu
wie eine junge Blume gegen Abend,

A mais amada, essa por quem a lira
chorou mais que o chorar das carpideiras,
por quem se ergueu um mundo de chorar,
um mundo com florestas e com vales,
estradas, povos, campos, rios, feras;
um mundo-pranto tendo como o outro
um sol e um céu calado com seus astros,
um céu-pranto de estrelas desconformes —:
a mais amada.

Ia guiada pela mão do deus,
o andar tolhido pelas longas vestes,
incerto, tímido, sem pressa.
Ia dentro de si, como esperança,
e não pensava no homem que ia à frente,
nem no caminho que subia aos vivos.
Ia dentro de si. E o dom da morte
dava-lhe plenitude.
Como um fruto em doçura e escuridão,
estava plena em sua grande morte,
tão nova que não tinha entendimento.

Entrara em uma nova adolescência
inviolada. Seu sexo se fechava
como flor em botão no entardecer

und ihre Hände waren der Vermählung
so sehr entwöhnt, daß selbst des leichten Gottes
unendlich leise, leitende Berührung
sie kränkte wie zu sehr Vertraulichkeit.

Sie war schon nicht mehr diese blonde Frau,
die in des Dichters Liedern manchmal anklang,
nicht mehr des breiten Bettes Duft und Eiland
und jenes Mannes Eigentum nicht mehr.

Sie war schon aufgelöst wie langes Haar
und hingegeben wie gefallner Regen
und ausgeteilt wie hundertfacher Vorrat.

Sie war schon Wurzel.

Und als plötzlich jäh
der Gott sie anhielt und mit Schmerz im Ausruf
die Worte sprach: Er hat sich umgewendet —,
begriff sie nichts und sagte leise: *Wer?*

e suas mãos estavam tão distantes
de enlaçar outro ser que mesmo o toque
levíssimo do guia, o deus ligeiro,
a magoava por nímia intimidade.

Não era mais a jovem resplendente
que ecoava nos cantos do poeta,
nem o aroma do leito do casal
nem ilha e propriedade de um só homem.

Estava solta como os seus cabelos,
liberta como a chuva quando cai,
exposta como farta provisão.

Agora era raiz.

E quando enfim o deus
a deteve e, com voz cheia de dor,
disse as palavras: "Ele se voltou." —
ela não compreendeu e disse: "*Quem?*"

Fern aber, dunkel vor dem klaren Ausgang,
stand irgend jemand, dessen Angesicht
nicht zu erkennen war. Er stand und sah,
wie auf dem Streifen eines Wiesenpfades
mit trauervollem Blick der Gott der Botschaft
sich schweigend wandte, der Gestalt zu folgen,
die schon zurückging dieses selben Weges,
den Schritt beschränkt von langen Leichenbändern,
unsicher, sanft und ohne Ungeduld.

Mas pouco além, sombrio, frente à clara
saída, se postava alguém, o rosto
já não reconhecível. Esse viu
em meio ao risco branco do caminho
o deus das rotas, com olhar tristonho,
volver-se, mudo, e acompanhar o vulto
que retornava pela mesma via,
o andar tolhido pelas longas vestes,
incerto, tímido, sem pressa.

Alkestis

Da plötzlich war der Bote unter ihnen,
hineingeworfen in das Überkochen
des Hochzeitsmahles wie ein neuer Zusatz.
Sie fühlten nicht, die Trinkenden, des Gottes
heimlichen Eintritt, welcher seine Gottheit
so an sich hielt wie einen nassen Mantel
und ihrer einer schien, der oder jener,
wie er so durchging. Aber plötzlich sah
mitten im Sprechen einer von den Gästen
den jungen Hausherrn oben an dem Tische
wie in die Höh gerissen, nicht mehr liegend,
und überall und mit dem ganzen Wesen
ein Fremdes spiegelnd, das ihn furchtbar ansprach.
Und gleich darauf, als klärte sich die Mischung,
war Stille; nur mit einem Satz am Boden
von trübem Lärm und einem Niederschlag
fallenden Lallens, schon verdorben riechend
nach dumpfem umgestandenen Gelächter.
Und da erkannten sie den schlanken Gott,
und wie er dastand, innerlich voll Sendung
und unerbittlich, — wußten sie es beinah.
Und doch, als es gesagt war, war es mehr
als alles Wissen, gar nicht zu begreifen.
Admet muß sterben. Wann? In dieser Stunde.

Alceste

Súbito o mensageiro apareceu
e se infiltrou em meio aos acepipes
do banquete nupcial, novo ingrediente.
Ninguém notou a oculta intromissão
do deus, que carregava a divindade
como um manto molhado nos seus ombros,
e a eles pareceu um como tantos,
quando passava. Porém, de repente,
no meio da conversa, um dos convivas
viu o jovem esposo, à cabeceira,
como que arrebatado para o alto,
e, ao lado, resplendente, o vulto pleno
do estranho que, terrível, lhe falava.
Então tudo foi claro e houve um momento
de calma: só alguns poucos detritos
de ruídos cavos e um precipitar
de balbúcios cadentes, corrompidos,
e risos abafados circunstantes.
E eles reconheceram o deus ágil
que, imbuído da missão, ali restava,
implacável. E quase compreenderam.
Mas quando ouvido, pareceu fugir
à compreensão aquém do entendimento.
Ele deve morrer, Admeto. Quando?

Der aber brach die Schale seines Schreckens
in Stücken ab und streckte seine Hände
heraus aus ihr, um mit dem Gott zu handeln.
Um Jahre, um ein einzig Jahr noch Jugend,
um Monate, um Wochen, um paar Tage,
ach, Tage nicht, um Nächte, nur um Eine,
um Eine Nacht, um diese nur: um die.
Der Gott verneinte, und da schrie er auf
und schrie's hinaus und hielt es nicht und schrie
wie seine Mutter aufschrie beim Gebären.

Und die trat zu ihm, eine alte Frau,
und auch der Vater kam, der alte Vater,
und beide standen, alt, veraltet, ratlos,
beim Schreienden, der plötzlich, wie noch nie
so nah, sie ansah, abbrach, schluckte, sagte:
Vater,
liegt dir denn viel daran an diesem Rest,
an diesem Satz, der dich beim Schlingen hindert?
Geh, gieß ihn weg. Und du, du alte Frau,
Matrone,
was tust du denn noch hier: du hast geboren.
Und beide hielt er sie wie Opfertiere
in Einem Griff. Auf einmal ließ er los

Agora. Este, porém, fez em destroços
a crosta do terror e ergueu a ele
as mãos, como a deter o mensageiro.
Anos, um ano só de juventude,
um mês, uma semana, um par de dias,
ah! dias não, uma só noite, uma,
uma noite, uma noite apenas: esta.
O deus negava. Então gritou Admeto,
gritou a ele, sem cessar, gritou
como sua mãe gritou ao procriá-lo.

E ela se aproximou, a velha dama,
e o pai veio também, o velho pai,
os dois anciãos, decrépitos, perplexos,
ante o clamor desse que, como nunca
tão íntimo, irrompeu, entre soluços:
Pai,
o que te prende a estes restos de vida,
resíduos que mal podes engolir?
Vai, deixa-os ir. E tu, velha senhora?
Mãe,
que fazes ainda aqui? Já procriaste.
E aos dois como a uma rês sacrificial
jungiu. Logo, porém, os desprendeu,

und stieß die Alten fort, voll Einfall, strahlend
und atemholend, rufend: Kreon, Kreon!
Und nichts als das; und nichts als diesen Namen.
Aber in seinem Antlitz stand das Andere,
das er nicht sagte, namenlos erwartend,
wie ers dem jungen Freunde, dem Geliebten,
erglühend hinhielt übern wirren Tisch.
Die Alten (stand da), siehst du, sind kein Loskauf,
sie sind verbraucht und schlecht und beinah wertlos,
du aber, du, in deiner ganzen Schönheit —

Da aber sah er seinen Freund nicht mehr.
Er blieb zurück, und das, was kam, war sie,
ein wenig kleiner fast als er sie kannte
und leicht und traurig in dem bleichen Brautkleid.
Die andern alle sind nur ihre Gasse,
durch die sie kommt und kommt —: (gleich wird sie da sein
in seinen Armen, die sich schmerzhaft auftun).

Doch wie er wartet, spricht sie; nicht zu ihm.
Sie spricht zum Gotte, und der Gott vernimmt sie,
und alle hörens gleichsam erst im Gotte:

numa súbita inspiração, arfante,
desesperado, aos gritos: Kréon, Kréon!
Nada mais aditou a esse nome.
Mas em seu rosto lia-se outra coisa
que não ousou dizer quando, expectante,
o olhar em fogo procurou o jovem,
do outro lado da mesa conturbada.
Os velhos (bem se vê) não dão resgate,
são gastos, maltratados, sem valor,
diante de alguém, no auge da beleza —

Mas não viu mais o seu querido amigo,
que se afastou. E quem veio foi ela,
algo menor do que ele a conhecera,
pálida e triste nas vestes nupciais.
Os outros não são nada mais que a estrada
que ela percorre (em pouco ele a terá
em seus braços, que se abrem, dolorosos).

Enquanto a espera, ela fala; não
a ele, mas ao deus que, atento, a escuta,
e todos a ouvem através do deus:

Ersatz kann keiner für ihn sein. Ich bins.
Ich bin Ersatz. Denn keiner ist zu Ende
wie ich es bin. Was bleibt mir denn von dem
was ich hier war? Das ists ja, daß ich sterbe.
Hat sie dirs nicht gesagt, da sie dirs auftrug,
daß jenes Lager, das da drinnen wartet,
zur Unterwelt gehört? Ich nahm ja Abschied.
Abschied über Abschied.
Kein Sterbender nimmt mehr davon. Ich ging ja,
damit das Alles, unter Dem begraben
der jetzt mein Gatte ist, zergeht, sich auflöst —.
So führ mich hin: ich sterbe ja für ihn.

Und wie der Wind auf hoher See, der umspringt,
so trat der Gott fast wie zu einer Toten
und war auf einmal weit von ihrem Gatten,
dem er, versteckt in einem kleinen Zeichen,
die hundert Leben dieser Erde zuwarf.
Der stürzte taumelnd zu den beiden hin
und griff nach ihnen wie im Traum. Sie gingen
schon auf den Eingang zu, in dem die Frauen
verweint sich drängten. Aber einmal sah
er noch des Mädchens Antlitz, das sich wandte

Ninguém pode substituí-lo. Eu só.
Eu sou a substituta. Pois ninguém
perde mais do que eu. O que me resta
se aqui ficar? A morte já está em mim.
Ela não lhe contou, ao enviá-lo,
que esse leito que dentro me aguardava
pertence ao outro mundo? Eu disse adeus,
adeus após adeus.
Ninguém que morre o disse mais. Já fui,
e tudo o que, sepulto, jaz com esse
que é o meu marido, se desfaz, se esvai —.
Leve-me então: eu morro em seu lugar.

E como o vento que no mar se expande,
assim o deus colheu a quase morta
e a levou para longe do marido
a quem deixou, com gesto indiferente,
as cem vidas que a terra oferecia.
Vacilante, ele cambaleou para ambos,
mãos estendidas, como se num sonho.
Mas já estavam na entrada onde as mulheres,
juntas, choravam. Ele ainda viu
a jovem, que voltara a sua face,

mit einem Lächeln, hell wie eine Hoffnung,
die beinah ein Versprechen war: erwachsen
zurückzukommen aus dem tiefen Tode
zu ihm, dem Lebenden —
Da schlug er jäh
die Hände vors Gesicht, wie er so kniete,
um nichts zu sehen mehr nach diesem Lächeln.

com um sorriso claro como a aurora,
uma promessa, quase: despertar
da escuridão da morte para ele,
o vivo —
Então, Admeto, ajoelhado,
cobriu o rosto com as duas mãos
para nada mais ver além desse sorriso.

Geburt der Venus

An diesem Morgen nach der Nacht, die bang
vergangen war mit Rufen, Unruh, Aufruhr, —
brach alles Meer noch einmal auf und schrie.
Und als der Schrei sich langsam wieder schloß
und von der Himmel blassem Tag und Anfang
herabfiel in der stummen Fische Abgrund —:
gebar das Meer.

Von erster Sonne schimmerte der Haarschaum
der weiten Wogenscham, an deren Rand
das Mädchen aufstand, weiß, verwirrt und feucht.
So wie ein junges grünes Blatt sich rührt,
sich reckt und Eingerolltes langsam aufschlägt,
entfaltete ihr Leib sich in die Kühle
hinein und in den unberührten Frühwind.

Wie Monde stiegen klar die Knie auf
und tauchten in der Schenkel Wolkenränder;
der Waden schmaler Schatten wich zurück,
die Füße spannten sich und wurden licht,
und die Gelenke lebten wie die Kehlen
von Trinkenden.

Nascimento de Vênus

Esta manhã, depois que a noite inquieta
esmoreceu entre urros, sustos, surtos, —
o mar ainda uma vez se abriu e uivou.
E quando o grito aos poucos foi cessando
e do alto o dia pálido emergente
caiu no vórtice dos peixes mudos —:
o mar pariu.

Ao sol reluzem os pelos de espuma
do amplo ventre da onda, em cuja borda
surge a mulher, alva, trêmula e úmida.
E como a folha nova que estremece,
se estira e rompe aos poucos a clausura,
ela vai desvelando o corpo à brisa
e ao vento intacto da manhã.

Como luas erguem-se os joelhos claros,
résteas de nuvem soltam-se das coxas,
das pernas caem pequeninas sombras,
os pés se movem bêbados de luz,
vibram as juntas como gorgolhantes
gargantas.

Und in dem Kelch des Beckens lag der Leib
wie eine junge Frucht in eines Kindes Hand.
In seines Nabels engem Becher war
das ganze Dunkel dieses hellen Lebens.
Darunter hob sich licht die kleine Welle
und floß beständig über nach den Lenden,
wo dann und wann ein stilles Rieseln war.
Durchschienen aber und noch ohne Schatten,
wie ein Bestand von Birken im April,
warm, leer und unverborgen, lag die Scham.

Jetzt stand der Schultern rege Waage schon
im Gleichgewichte auf dem graden Körper,
der aus dem Becken wie ein Springbrunn aufstieg
und zögernd in den langen Armen abfiel
und rascher in dem vollen Fall des Haars.

Dann ging sehr langsam das Gesicht vorbei:
aus dem verkürzten Dunkel seiner Neigung
in klares, waagrechtes Erhobensein.
Und hinter ihm verschloß sich steil das Kinn.

Na taça da bacia jaz o corpo,
como um fruto na mão de uma criança.
O estreito cálice do umbigo encerra
tudo o que é escuro nessa clara vida.
Em baixo alteiam-se as pequenas ondas
que escorrem, incessantes, pelas ancas,
onde, de quando em quando, a espuma chove.
Porém, exposto, sem sombras, emerge,
como um maço de bétulas de abril,
quente, vazio e descoberto, o sexo.

A balança dos ombros paira, ágil,
em equilíbrio sobre o corpo ereto
que irrompe da bacia como fonte
vacilante entre os longos braços fluindo
veloz pela cascata dos cabelos.

Então bem lentamente vem o rosto:
da sombra estreita da reclinação
para a clara altitude horizontal.
Após o qual fecha-se, abrupto, o queixo.

Jetzt, da der Hals gestreckt war wie ein Strahl
und wie ein Blumenstiel, darin der Saft steigt,
streckten sich auch die Arme aus wie Hälse
von Schwänen, wenn sie nach dem Ufer suchen.

Dann kam in dieses Leibes dunkle Frühe
wie Morgenwind der erste Atemzug.
Im zartesten Geäst der Aderbäume
entstand ein Flüstern, und das Blut begann
zu rauschen über seinen tiefen Stellen.
Und dieser Wind wuchs an: nun warf er sich
mit allem Atem in die neuen Brüste
und füllte sie und drückte sich in sie, -
daß sie wie Segel, von der Ferne voll,
das leichte Mädchen nach dem Strande drängten.

So landete die Göttin.

Hinter ihr,
die rasch dahinschritt durch die jungen Ufer,
erhoben sich den ganzen Vormittag
die Blumen und die Halme, warm, verwirrt,
wie aus Umarmung. Und sie ging und lief.

Eis que o pescoço surge como um fluxo
de luz, ou talo, de onde a seiva sobe,
e se estiram os braços como o colo
de um cisne quando busca a ribanceira.

Então, da obscura aurora desse corpo,
ar da manhã, vem o primeiro alento.
No fio mais tênue da árvore das veias
há como que um bulício e o sangue flui
a sussurrar nas fundas galerias,
e essa brisa se expande: agora cresce
com todo o hausto sobre os peitos novos
que se intumescem de ar e a impulsionam,
e como velas côncavas de vento
levam a jovem para a praia.

Assim aportou a deusa.

Atrás dela, pisando a terra nova,
lépida, ergueram-se toda a manhã
flores e caules, quentes, perturbados,
como num beijo. E ela foi e correu.

Am Mittag aber, in der schwersten Stunde,
hob sich das Meer noch einmal auf und warf
einen Delphin an jene selbe Stelle.
Tot, rot und offen.

Porém, ao meio dia, na hora mais intensa,
o mar se abriu de novo e arremeçou
no mesmo ponto o corpo de um delfim.
Morto, roxo e oco.

NEUE GEDICHTE — II
NOVOS POEMAS — II

(*1908*)

Kretische Artemis

Wind der Vorgebirge: war nicht ihre
Stirne wie ein lichter Gegenstand?
Glatter Gegenwind der leichten Tiere,
formtest du sie: ihr Gewand

bildend an die unbewußten Brüste
wie ein wechselvolles Vorgefühl?
Während sie, als ob sie alles wüßte,
auf das Fernste zu, geschürzt und kühl,

stürmte mit den Nymphen und den Hunden,
ihren Bogen probend,eingebunden
in den harten hohen Gurt;

manchmal nur aus fremden Siedelungen
angerufen und erzürnt bezwungen
von dem Schreien um Geburt.

Ártemis Cretense

Vento dos promontórios: pois não era
sua fronte um brilhante monumento?
Vento oposto da mais rápida fera,
quem a fez não moldou o movimento

das vestes sobre os seios inconscientes
como em premonição? Mas ela ia,
como que onisciente entre os viventes,
aos mais longes rincões, ousada e fria,

com cães de caça e ninfas ao relento,
testando o arco, distendido adiante
da cinta alta e bem abroquelada;

somente às vezes de um ponto distante
ferida e iradamente dominada
pelo grito de um novo nascimento.

Leda

Als ihn der Gott in seiner Not betrat,
erschrak er fast, den Schwan so schön zu finden;
er ließ sich ganz verwirrt in ihm verschwinden.
Schon aber trug ihn sein Betrug zur Tat,

bevor er noch des unerprobten Seins
Gefühle prüfte. Und die Aufgetane
erkannte schon den Kommenden im Schwane
und wußte schon er bat um Eins,

das sie, verwirrt in ihrem Widerstand,
nicht mehr verbergen konnte. Er kam nieder
und halsend durch die immer schwächre Hand

ließ sich der Gott in die Geliebte los.
Dann erst empfand er glücklich sein Gefieder
und wurde wirklich Schwan in ihrem Schoß.

Leda

Quando o deus revestiu sua figura,
surpreendeu-se de achar tanta beleza
no cisne e se deixou perder na alvura.
Mas logo se aprestou à sua empresa,

antes ainda que da sua presa
provasse as sensações. A que se abria
compreendeu quem no cisne se encobria.
Soube que demandava com presteza

algo que a resistência de sua mente
não pôde mais deter com arma alguma.
O deus, vencendo a mão desfalecente,

cingiu a amada num coleio-abraço,
sentiu o próprio corpo, pluma a pluma,
e só então foi cisne em seu regaço.

Delphine

Jene Wirklichen, die ihrem Gleichen
überall zu wachsen und zu wohnen
gaben, fühlten an verwandten Zeichen
Gleiche in den aufgelösten Reichen,
die der Gott, mit triefenden Tritonen,
überströmt bisweilen übersteigt;
denn da hatte sich das Tier gezeigt:
anders als die stumme, stumpfgemute
Zucht der Fische, Blut von ihrem Blute,
und von fern dem Menschlichen geneigt.

Eine Schar kam, die sich überschlug,
froh, als fühlte sie die Fluten glänzend:
Warme, Zugetane, deren Zug,
wie mit Zuversicht die Fahrt bekränzend,
leichtgebunden um den runden Bug,
wie um einer Vase Rumpf und Rundung,
selig, sorglos, sicher vor Verwundung,
aufgerichtet, hingerissen, rauschend
und im Tauchen mit den Wellen tauschend,
die Trireme heiter weitertrug.

Golfinhos

Os verdadeiros, que doaram aos iguais
o poder de crescer e prosperar
por toda parte, pressentiram por sinais
um parentesco no reino do mar,
onde o deus com seus úmidos tritões
às vezes se alça nas inundações;
pois ali o animal se concedeu:
avesso ao mundo mudo e mediano
dos peixes — sangue do seu sangue,
e de longe atraído ao ser humano.

Um grupo deles veio, circulando,
como se o cintilar da água revolta:
seres quentes, sensíveis, com sua escolta
alegre e confiante, uma coroa
de grinaldas de espuma em torno à proa,
como se em torno a um jarro, numa ronda,
felizes, leves, como quem não teme,
viravolteantes, ébrios, permutando
os seus mergulhos entre onda e onda,
a conduzir, serenos, a trirreme.

Und der Schiffer nahm den neugewährten
Freund in seine einsame Gefahr
und ersann für ihn, für den Gefährten,
dankbar eine Welt und hielt für wahr,
daß er Töne liebte, Götter, Gärten
und das tiefe, stille Sternenjahr.

E o navegante solitário, grato
ao novo irmão de riscos e de andanças,
quis para ele então imaginar
um mundo, e acreditou que ele de fato
também amava bosques, deuses, danças,
e o escuro e silencioso ano estelar.

Die Insel der Sirenen

Wenn er denen, die ihm gastlich waren,
spät, nach ihrem Tage noch, da sie
fragten nach den Fahrten und Gefahren,
still berichtete: er wußte nie,

wie sie schrecken und mit welchem jähen
Wort sie wenden, daß sie so wie er
in dem blau gestillten Inselmeer
die Vergoldung jener Inseln sähen,

deren Anblick macht, daß die Gefahr
umschlägt; denn nun ist sie nicht im Tosen
und im Wüten, wo sie immer war:
Lautlos kommt sie über die Matrosen,

welche wissen, daß es dort auf jenen
goldnen Inseln manchmal singt —,
und sich blindlings in die Ruder lehnen,
wie umringt

von der Stille, die die ganze Weite
in sich hat und an die Ohren weht,
so als wäre ihre andre Seite
der Gesang, dem keiner widersteht.

A Ilha das Sereias

Quando os anfitriões, seus bons amigos,
já tarde, ao retornar, no fim do dia,
indagavam das provas e perigos
por que passara, ele não sabia

como alertá-los, que palavra rude
ele usaria para reviver,
no mar que o azul reveste de quietude,
o dourado das ilhas de prazer

cuja visão faz com que até o perigo
mude de forma: não mais no castigo
e no furor do vento costumeiros:
no silêncio ele atinge os marinheiros,

que sabem que nos pélagos extremos
daquelas ilhas de ouro acha-se o canto —,
que eles, às cegas, se agarram aos remos,
sitiados pelo encanto

do silêncio, como se ele ocupasse
todo o espaço que existe
e a sua outra face
fosse esse canto a que ninguém resiste.

Der Tod der Geliebten

Er wußte nur vom Tod was alle wissen:
daß er uns nimmt und in das Stumme stößt.
Als aber sie, nicht von ihm fortgerissen,
nein, leis aus seinen Augen ausgelöst,

hinüberglitt zu unbekannten Schatten,
und als er fühlte, daß sie drüben nun
wie einen Mond ihr Mädchenlächeln hatten
und ihre Weise wohlzutun:

da wurden ihm die Toten so bekannt,
als wäre er durch sie mit einem jeden
ganz nah verwandt; er ließ die andern reden

und glaubte nicht und nannte jenes Land
das gutgelegene, das immersüße —.
Und tastete es ab für ihre Füße.

A Morte da Amada

Da morte ele sabia quase nada:
que nos toma e nos cala de repente.
Como a amada não fora arrebatada,
antes se desprendera docemente

do seu olhar para a morada escura,
e como percebeu que à outra vida
como uma lua plena a formosura
da visitante fora concedida,

dos mortos se tornou tão familiar
que os viu como parentes através
dela; deixou os outros a falar,

sem neles crer; chamou esse lugar
bem-vindo, sempre-doce, e pelos pés
da amada o começou a palmilhar.

Ein Prophet

Ausgedehnt von riesigen Gesichten,
hell vom Feuerschein aus dem Verlauf
der Gerichte, die ihn nie vernichten, —
sind die Augen, schauend unter dichten
Brauen. Und in seinem Innern richten
sich schon wieder Worte auf,

nicht die seinen (denn was wären seine
und wie schonend waren sie vertan),
andre, harte: Eisenstücke, Steine,
die er schmelzen muß wie ein Vulkan,

um sie in dem Ausbruch seines Mundes
auszuwerfen, welcher flucht und flucht;
während seine Stirne, wie des Hundes
Stirne, *das* zu tragen sucht,

was der Herr von seiner Stirne nimmt:
Dieser, Dieser, den sie alle fänden,
folgten sie den großen Zeigehänden,
die Ihn weisen wie Er ist: ergrimmt.

Um Profeta

Esgazeados por visões imensas,
flamejantes pelo esplendor do curso
dos julgamentos, que jamais o abatem, —
os seus olhos rebrilham entre as densas
sobrancelhas. E já de novo latem
dentro dele as palavras do discurso,

não as suas (precárias como são,
voláteis e indulgentes afinal),
mas outras, ásperas: rocha e metal,
que lhe cabe fundir como um vulcão,

a fim de vomitá-las da erupção
da boca, que maldiz e amaldiçoa,
enquanto a fronte, como se a de um cão,
tenta expulsar *isso* que nele ecoa,

mas que o Senhor tomou da sua fronte:
Ele, Ele, se cada um seguisse a mira
das grandes mãos que apontam no horizonte.
Ele, como Ele é: a Sua ira.

Jeremia

Einmal war ich weich wie früher Weizen,
doch, du Rasender, du hast vermocht,
mir das hingehaltne Herz zu reizen,
daß es jetzt wie eines Löwen kocht.

Welchen Mund hast du mir zugemutet,
damals, da ich fast ein Knabe war:
eine Wunde wurde er: nun blutet
aus ihm Unglücksjahr um Unglücksjahr.

Täglich tönte ich von neuen Nöten,
die du, Unersättlicher, ersannst,
und sie konnten mir den Mund nicht töten;
sieh du zu, wie du ihn stillen kannst,

wenn, die wir zerstoßen und zerstören,
erst verloren sind und fernverlaufen
und vergangen sind in der Gefahr:
denn dann will ich in den Trümmerhaufen
endlich meine Stimme wiederhören,
die von Anfang an ein Heulen war.

Jeremias

Outrora eu era brando como o trigo;
tua ira inflamou meu coração
que antes vivia sob o teu abrigo
e agora ferve como o de um leão.

Que boca do meu ser foi requerida
desde que eu era uma criança apenas:
agora ela é somente uma ferida
que sangra ano após ano as suas penas.

A minha boca que jamais se cala
todo dia derrama novas lavas
dos males que, insaciável, desencavas.
Vê de que modo irás silenciá-la

quando chegar enfim o teu castigo
e arrasar e arrastar todo esse povo
à desgraça no meio do perigo,
a fim de que do monte de detritos
eu possa ouvir a minha voz de novo
que desde o início converteste em gritos.

Eine Sibylle

Einst, vor Zeiten, nannte man sie alt.
Doch sie blieb und kam dieselbe Straße
täglich. Und man änderte die Maße,
und man zählte sie wie einen Wald

nach Jahrhunderten. Sie aber stand
jeden Abend auf derselben Stelle,
schwarz wie eine alte Citadelle
hoch und hohl und ausgebrannt;

von den Worten, die sich unbewacht
wider ihren Willen in ihr mehrten,
immerfort umschrieen und umflogen,

während die schon wieder heimgekehrten
dunkel unter ihren Augenbogen
saßen, fertig für die Nacht.

Uma Sibila

Dela diziam que era velha, outrora.
Mas ela palmilhava diariamente
a mesma estrada. Então foi diferente
a contagem: por séculos, agora,

como se fosse um bosque. Porém, ela
não saiu do lugar, toda a jornada,
negra como uma velha cidadela,
alta e vazia e calcinada,

cercada pelos voos e gemidos
das palavras que um dia, sem saber,
contra a vontade em si deixou crescer,

enquanto os que voltavam, submetidos
ao breu das sobrancelhas que ela eleva,
estavam prontos para a treva.

Der aussätzige König

Da trat auf seiner Stirn der Aussatz aus
und stand auf einmal unter seiner Krone,
als wär er König über allen Graus,
der in die Andern fuhr, die fassungsohne

hinstarrten nach dem furchtbaren Vollzug
an jenem, welcher, schmal wie ein Verschnürter,
erwartete, daß einer nach ihm schlug;
doch noch war keiner Manns genug:
als machte ihn nur immer unberührter
die neue Würde, die sich übertrug.

O Rei Leproso

A lepra se instalou em sua fronte,
sob a coroa, e toldou o horizonte,
e ele, como que o rei de todo o horror
que atingiu os demais. Estes, sem cor,

contemplam fixamente o dom sombrio.
O rei, como num espartilho, esguio,
espera que alguém o trespasse,
mas ninguém o faria;
como se mais ileso ele ficasse
com o acréscimo dessa honraria.

Der König von Münster

Der König war geschoren;
nun ging ihm die Krone zu weit
und bog ein wenig die Ohren,
in die von Zeit zu Zeit

gehässiges Gelärme
aus Hungermäulern fand.
Er saß, von wegen der Wärme,
auf seiner rechten Hand,

mürrisch und schwergesäßig.
Er fühlte sich nicht mehr echt:
der Herr in ihm war mäßig,
und der Beischlaf war schlecht.

O Rei de Münster

O rei foi tosquiado;
a coroa balança
nas orelhas que alcança
de vez em quando o brado

da multidão faminta.
Para que ele não sinta
muito frio, se ajeita
sentado sobre a mão direita,

acocorado e hostil.
Já não se vê real:
o homem, nele, é vil
e ele copula mal.

Das Jüngste Gericht

So erschrocken, wie sie nie erschraken,
ohne Ordnung, oft durchlocht und locker,
hocken sie in dem geborstnen Ocker
ihres Ackers, nicht von ihren Laken

abzubringen, die sie liebgewannen.
Aber Engel kommen an, um Öle
einzuträufeln in die trocknen Pfannen
und um jedem in die Achselhöhle

das zu legen, was er in dem Lärme
damals seines Lebens nicht entweihte;
denn dort hat es noch ein wenig Wärme,

daß es nicht des Herren Hand erkälte
oben, wenn er es aus jeder Seite
leise greift, zu fühlen, ob es gälte.

O Juízo Final

Chocados como nunca antes em choque,
dispersos, uns com furos ou com falhas,
se acocoram no descorado ocre
de acres crestados, presos às mortalhas

que aprenderam a amar mais do que as vestes.
Mas vêm os anjos, portando vasilhas
enxutas onde pingam óleos, prestes
a com eles untar-lhes as axilas,

algo que a intemperança inconsequente
de suas vidas poupou, indiferente,
pois deve haver ali algum calor

que não esfrie as mãos do Criador
quando Ele os alce, do alto, docemente,
para julgar se têm algum valor.

Der Alchimist

Seltsam verlächelnd schob der Laborant
den Kolben fort, der halbberuhigt rauchte.
Er wußte jetzt, was er noch brauchte,
damit der sehr erlauchte Gegenstand

da drin entstände. Zeiten brauchte er,
Jahrtausende für sich und diese Birne,
in der es brodelte; im Hirn Gestirne
und im Bewußtsein mindestens das Meer.

Das Ungeheuere, das er gewollt,
er ließ es los in dieser Nacht. Es kehrte
zurück zu Gott und in sein altes Maß;

er aber, lallend wie ein Trunkenbold,
lag über dem Geheimfach und begehrte
den Brocken Gold, den er besaß.

O Alquimista

Sorrindo estranhamente, o alquimista
larga o vidro onde resta uma fumaça.
Já sabe o que é preciso ter em vista
para fazer a venerável massa

concretizar-se. Ele precisa de anos,
milênios, eras, para que fermente
no frasco. Em seu cérebro, oceanos,
pelo menos, e estrelas em sua mente.

A enormidade que ele vê adiante,
na mesma noite ele abandona. A Deus
e sua antiga matéria ela revém.

Mas ele, como um ébrio balbuciante,
jaz sobre a arca secreta com os seus
olhos nas peças de ouro que ainda tem.

Der Stylit

Völker schlugen über ihm zusammen,
die er küren durfte und verdammen;
und erratend, daß er sich verlor,
klomm er aus dem Volksgeruch mit klammen
Händen einen Säulenschaft empor,

der noch immer stieg und nichts mehr hob,
und begann, allein auf seiner Fläche,
ganz von vorne seine eigne Schwäche
zu vergleichen mit des Herren Lob;

und da war kein Ende: er verglich;
und der Andre wurde immer größer.
Und die Hirten, Ackerbauer, Flößer
sahn ihn klein und außer sich

immer mit dem ganzen Himmel reden,
eingeregnet manchmal, manchmal licht;
und sein Heulen stürzte sich auf jeden,
so als heulte er ihm ins Gesicht.
Doch er sah seit Jahren nicht,

wie der Menge Drängen und Verlauf
unten unaufhörlich sich ergänzte,
und das Blanke an den Fürsten glänzte
lange nicht so hoch hinauf.

O Estilita

Nação após nação se viu pesada
e condenada pela voz candente.
Ao sentir que não lhe restava nada,
afastou-se do odor de toda a gente
e subiu a coluna, mão crispada;

quando chegou, sozinho, ao patamar
vazio, entendeu de questionar
suas próprias fraquezas desde o início
e a louvação a Deus do seu suplício;

e isso não tinha fim: se comparados,
o Outro era sempre mais, e ele pouco.
Pastores, lavradores nos arados
viram-no, diminuto, como um louco,

falando sempre com o céu distante;
em meio aos raios ou ao sol brilhante,
seus uivos desabavam, bem ou mal,
como se uivasse para cada qual.
E ele ali se quedou, recalcitrante,

anos e anos, sem notar o quanto
crescera o ir-e-vir da multidão
e o quanto o ouro dos príncipes, então,
já não brilhava tanto.

Aber wenn er oben, fast verdammt
und von ihrem Widerstand zerschunden,
einsam mit verzweifeltem Geschreie
schüttelte die täglichen Dämonen:
fielen langsam auf die erste Reihe
schwer und ungeschickt aus seinen Wunden
große Würmer in die offnen Kronen
und vermehrten sich im Samt.

Do alto ele confrontava, insone, os
seus impassíveis visitantes,
só, com clamores lancinantes,
tentando exorcizar os seus demônios:
mas lentamente de suas feridas
grossos vermes caíram nas luzidas
coroas régias que vigiavam tudo
e germinaram no veludo.

Adam

Staunend steht er an der Kathedrale
steilem Aufstieg, nah der Fensterrose,
wie erschreckt von der Apotheose,
welche wuchs und ihn mit einem Male

niederstellte über die und die.
Und er ragt und freut sich seiner Dauer,
schlicht entschlossen; als der Ackerbauer,
der begann, und der nicht wußte, wie

aus dem fertig-vollen Garten Eden
einen Ausweg in die neue Erde
finden Gott war schwer zu überreden;

und er drohte ihm, statt zu gewähren,
immer wieder, daß er sterben werde.
Doch der Mensch bestand: sie wird gebären.

Adão

Pasmo, da íngreme balaustrada,
junto à rosácea da alta catedral, a
sua visão parece perturbada
por essa apoteose que assinala

acima dos demais sua figura.
Ele está ali e exulta porque dura,
determinado, como o lavrador
que tendo começado o seu labor

no Éden, o Jardim perfeito, erra
sem achar para a sua nova terra
uma saída. Deus não deu suporte

ao homem e só fez ameaçar
dia após dia com o mal da morte.
Mas ele ousou: ela vai procriar.

Eva

Einfach steht sie an der Kathedrale
großem Aufstieg, nah der Fensterrose,
mit dem Apfel in der Apfelpose,
schuldlos-schuldig ein für alle Male

an dem Wachsenden, das sie gebar,
seit sie aus dem Kreis der Ewigkeiten
liebend fortging, um sich durchzustreiten
durch die Erde, wie ein junges Jahr.

Ach, sie hätte gern in jenem Land
noch ein wenig weilen mögen, achtend
auf der Tiere Eintracht und Verstand.

Doch da sie den Mann entschlossen fand,
ging sie mit ihm, nach dem Tode trachtend,
und sie hatte Gott noch kaum gekannt.

Eva

Simples, no topo da balaustrada,
junto à rosácea da alta catedral, a
maçã na pose da maçã, culpada
sem ter culpa, como se a marcá-la

o crescimento que gerou, tão bela,
quando, do círculo do eterno, ela
veio juntar-se ao companheiro humano
varando a terra como um novo ano.

Ah, de bom grado ela ainda ficaria
entre as feras, para apreender os seus
modos de entendimento e de harmonia.

Mas vendo o firme intento do consorte
ela o seguiu, tangida pela morte;
mal pôde conhecer a Deus.

Die Irren

Und sie schweigen, weil die Scheidewände
weggenommen sind aus ihrem Sinn,
und die Stunden, da man sie verstände,
heben an und gehen hin.

Nächtens oft, wenn sie ans Fenster treten:
plötzlich ist es alles gut.
Ihre Hände liegen im Konkreten,
und das Herz ist hoch und könnte beten,
und die Augen schauen ausgeruht

auf den unverhofften, oftentstellten
Garten im beruhigten Geviert,
der im Widerschein der fremden Welten
weiterwächst und niemals sich verliert.

Os Loucos

E eles se calam, já que as divisórias
de suas mentes não mais os contêm,
e a hora de entender suas histórias
vai e vem.

Quando é noite, por vezes, à janela,
tudo lhes parece correto.
Suas mãos se firmam no concreto,
o coração numa oração tão bela,
e o olhar extático revela

o inesperado, às vezes esquecido
jardim, no quarteirão quieto e tristonho,
que, nos estranhos mundos do seu sonho,
cresce sempre e nunca está perdido.

Die Bettler

Du wußtest nicht, was den Haufen
ausmacht. Ein Fremder fand
Bettler darin. Sie verkaufen
das Hohle aus ihrer Hand.

Sie zeigen dem Hergereisten
ihren Mund voll Mist,
und er darf (er kann es sich leisten)
sehn, wie ihr Aussatz frißt.

Es zergeht in ihren zerrührten
Augen sein fremdes Gesicht;
und sie freuen sich des Verführten
und speien, wenn er spricht.

Os Mendigos

Não se sabe do que, de que desvãos,
fez-se o monturo. Um forasteiro
viu, lá, os mendigos. Por dinheiro
trocam o oco das mãos.

Mostram ao visitante a fome
das bocas cheias de muco,
e ele ainda pode (custa pouco)
ver como a lepra come.

Nos olhos derreados a retina
fixa o rosto do estranho que se abala,
e eles se alegram com a sua ruína
e cospem, quando ele fala.

Leichen-Wäsche

Sie hatten sich an ihn gewöhnt. Doch als
die Küchenlampe kam und unruhig brannte
im dunkeln Luftzug, war der Unbekannte
ganz unbekannt. Sie wuschen seinen Hals,

und da sie nichts von seinem Schicksal wußten,
so logen sie ein anderes zusamm,
fortwährend waschend. Eine mußte husten
und ließ solang den schweren Essigschwamm

auf dem Gesicht. Da gab es eine Pause
auch für die zweite. Aus der harten Bürste
klopften die Tropfen; während seine grause
gekrampfte Hand dem ganzen Hause
beweisen wollte, dass ihn nicht mehr dürste.

Und er bewies. Sie nahmen wie betreten
eiliger jetzt mit einem kurzen Huster
die Arbeit auf, so dass an den Tapeten
ihr krummer Schatten in dem stummen Muster

sich wand und wälzte wie in einem Netze,
bis dass die Waschenden zu Ende kamen.
Die Nacht im vorhanglosen Fensterrahmen
war rücksichtslos. Und einer ohne Namen
lag bar und reinlich da und gab Gesetze.

Lavagem de Cadáveres

Acostumaram-se com ele. Porém, quando
a luz tremeluziu na sala escura
pareceu mais estranha essa figura
desconhecida. Então, foram lavando

o seu pescoço. Não sabendo nada,
imaginavam quem ele encarnasse,
lavando. Uma tossiu e a envinagrada
esponja descansou em sua face.

A outra esperava. Deu-se uma parada.
A face dele ali, e a enxovalhá-la
a escova dura, enquanto a mão crispada
queria fazer ver a toda a sala
que ele não tinha mais sede.

E conseguiu. Com uma tosse rala
prosseguiram, como que envergonhadas,
mais rápido, enquanto na parede
retorciam-se as sombras encurvadas

como se manchas mudas numa rede.
Até que elas pararam de uma vez.
Pela janela a noite, indiferente,
olhava. E alguém sem nome, como os reis,
jazia, limpo e nu, baixando leis.

Der Blinde

Paris

Sieh, er geht und unterbricht die Stadt,
die nicht ist auf seiner dunkeln Stelle,
wie ein dunkler Sprung durch eine helle
Tasse geht. Und wie auf einem Blatt

ist auf ihm der Widerschein der Dinge
aufgemalt; er nimmt ihn nicht hinein.
Nur sein Fühlen rührt sich, so als finge
es die Welt in kleinen Wellen ein:

eine Stille, einen Widerstand —,
und dann scheint er wartend wen zu wählen:
hingegeben hebt er seine Hand,
festlich fast, wie um sich zu vermählen.

O Cego

Paris

Ele caminha e interrompe a cidade,
que não existe em sua cela escura,
como uma escura rachadura
numa taça atravessa a claridade.

Sombras das coisas, como numa folha,
nele se riscam sem que ele as acolha.
Só sensações de tato, como sondas,
captam o mundo em diminutas ondas:

serenidade, resistência —,
como se à espera de escolher alguém, atento,
ele soergue, quase em reverência,
a mão, como num casamento.

Eine Welke

Leicht, wie nach ihrem Tode
trägt sie die Handschuh, das Tuch.
Ein Duft aus ihrer Kommode
verdrängte den lieben Geruch,

an dem sie sich früher erkannte.
Jetzt fragte sie lange nicht, wer
sie sei (: eine ferne Verwandte),
und geht in Gedanken umher

und sorgt für ein ängstliches Zimmer,
das sie ordnet und schont,
weil es vielleicht noch immer
dasselbe Mädchen bewohnt.

Fanada

Ela usa o chale e as luvas com cuidado,
como se após a própria morte.
De sua penteadeira um cheiro forte
desalojou o perfume adorado

pelo qual ela se reconhecia.
Agora, já não mais se indaga
quem é (: uma remota companhia).
Perdida em suas cismas ela vaga

e cuida desse quarto melindroso
que defende e decora,
pois talvez ele ainda seja pouso
da mesma moça de outrora.

Schlangen-Beschwörung

Wenn auf dem Markt, sich wiegend, der Beschwörer
die Kürbisflöte pfeift, die reizt und lullt,
so kann es sein, daß er sich einen Hörer
herüberlockt, der ganz aus dem Tumult

der Buden eintritt in den Kreis der Pfeife,
die will und will und will und die erreicht,
daß das Reptil in seinem Korb sich steife
und die das steife schmeichlerisch erweicht,

abwechselnd immer schwindelnder und blinder
mit dem, was schreckt und streckt, und dem, was löst —;
und dann genügt ein Blick: so hat der Inder
dir eine Fremde eingeflößt,

in der du stirbst. Es ist als überstürze
glühender Himmel dich. Es geht ein Sprung
durch dein Gesicht. Es legen sich Gewürze
auf deine nordische Erinnerung,

die dir nichts hilft. Dich feien keine Kräfte,
die Sonne gärt, das Fieber fällt und trifft;
von böser Freude steilen sich die Schäfte,
und in den Schlangen glänzt das Gift.

O Encantador de Serpentes

Quando na praça, ondeando, o encantador
toca a flauta que embala e entorpece,
às vezes ele atinge ao seu redor
alguém, em meio à turba, e o adormece,

e o faz entrar no círculo da flauta,
que quer e quer e quer e vai e volta,
até que emerja a cabeça alta
do réptil, que do seu cesto se solta,

alternando tontura e lassidão,
o que expande e tensiona e o que represa —;
basta um olhar daquele indiano, então,
para infundir no outro uma estranheza

que te mata. Como se de repente
o céu caísse. De súbito estrias
racham-te o rosto. Há especiarias
na memória boreal e a tua mente

de nada serve. Inútil, a magia.
O sol fermenta, vêm febres ferventes,
os raios têm maléfica alegria
e o veneno cintila nas serpentes.

Schwarze Katze

Ein Gespenst ist noch wie eine Stelle,
dran dein Blick mit einem Klange stößt;
aber da, an diesem schwarzen Felle
wird dein stärkstes Schauen aufgelöst:

wie ein Tobender, wenn er in vollster
Raserei ins Schwarze stampft,
jählings am benehmenden Gepolster
einer Zelle aufhört und verdampft.

Alle Blicke, die sie jemals trafen,
scheint sie also an sich zu verhehlen,
um darüber drohend und verdrossen
zuzuschauern und damit zu schlafen.
Doch auf einmal kehrt sie, wie geweckt,
ihr Gesicht und mitten in das deine:
und da triffst du deinen Blick im geelen
Amber ihrer runden Augensteine
unerwartet wieder: eingeschlossen
wie ein ausgestorbenes Insekt.

Gato Preto

Mesmo um fantasma é ainda um lugar
em que teu olho com um som se choca;
mas nesse velo negro em que ele toca,
o olhar mais forte pode se apagar:

tal como um louco, quando em pleno acesso,
a martelar na escuridão, possesso,
pára ante o estofo surdo de uma cela
e de súbito cessa diante dela.

A todos os olhares ele oculta
como se lhes quisesse sobrepor
o seu; indolente e ameaçador,
dorme com eles e os sepulta.
Mas ei-lo, de improviso, ressurreto —
a sua face adentra a tua face
e de repente encontras teu olhar
no âmbar desse olho-pedra circular:
fechado em si, como se ele abrigasse
a múmia seca de um inseto.

Landschaft

Wie zuletzt, in einem Augenblick
aufgehäuft aus Hängen, Häusern, Stücken
alter Himmel und zerbrochnen Brücken,
und von drüben her, wie vom Geschick,
von dem Sonnenuntergang getroffen,
angeschuldigt, aufgerissen, offen —
ginge dort die Ortschaft tragisch aus:

fiele nicht auf einmal in das Wunde,
drin zerfließend, aus der nächsten Stunde
jener Tropfen kühlen Blaus,
der die Nacht schon in den Abend mischt,
so daß das von ferne Angefachte
sachte, wie erlöst, erlischt.

Ruhig sind die Tore und die Bogen,
durchsichtige Wolken wogen
über blassen Häuserreihn
die schon Dunkel in sich eingesogen;
aber plötzlich ist vom Mond ein Schein
durchgeglitten, licht, als hätte ein
Erzengel irgendwo sein Schwert gezogen.

Paisagem

Como, num átimo, dos edifícios
empilhados com rampas e pedaços
do velho céu, de pontes, precipícios,
e como se, deles, sem piedade,
culpada, exposta, rota nos seus traços,
ferida pelo ocaso, esta cidade
se esvairia em sangue em seus suplícios,

se não viesse cair em sua chaga,
fundindo-se a partir da hora futura,
uma gota de azul que, na friagem,
a tarde com a noite agora apaga
fazendo que do incêndio da paisagem
se redima a cidade moritura.

Calmos estão os arcos e os portais,
nuvens translúcidas já se percebem
sobre as filas de casas desiguais
e opacas que das trevas já se embebem;
súbito um brilho se escoa da lua
como se de um lugar longe demais
o arcanjo alçasse a sua espada nua.

Papageienpark

Jardin des Plantes, Paris

Unter türkischen Linden, die blühen, an Rasenrändern,
in leise von ihrem Heimweh geschaukelten Ständern
atmen die Ara und wissen von ihren Ländern,
die sich, auch wenn sie nicht hinsehn, nicht verändern.

Fremd im beschäftigten Grünen wie eine Parade,
zieren sie sich und fühlen sich selber zu schade,
und mit den kostbaren Schnäbeln aus Jaspis und Jade
kauen sie Graues, verschleudern es, finden es fade.

Unten klauben die duffen Tauben, was sie nicht mögen,
während sich oben die höhnischen Vögel verbeugen
zwischen den beiden fast leeren vergeudeten Trögen.

Aber dann wiegen sie wieder und schläfern und äugen,
spielen mit dunkelen Zungen, die gerne lögen,
zerstreut an den Fußfesselringen. Warten auf Zeugen.

Parque dos Papagaios

Jardin des Plantes, Paris

Sob tílias turcas, em silêncio, balouçantes,
nos seus poleiros que a saudade embala mais,
os papagaios sonham com terras distantes
que, mesmo sem ser vistas, estão sempre iguais.

Estranhos ao verde operoso como atores
de pantomima, ostentam ares superiores;
bicos de jaspe e jade investigam o almoço
cinza que provam e repelem por insosso.

As pombas tristes vêm ciscar nesses detritos
enquanto no alto as graves aves esquisitas
entre os pratos vazios fazem piruetas;

balançam-se de novo e bicam, de olhos fitos,
as peias dos pés presos, com as línguas pretas
que amariam mentir. Aguardam as visitas.

Bildnis

Daß von dem verzichtenden Gesicht
keiner ihrer großen Schmerzen fiele,
trägt sie langsam durch die Trauerspiele
ihrer Züge schönen welken Strauß,
wild gebunden und schon beinah lose;
manchmal fällt, wie eine Tuberose,
ein verlornes Lächeln müd heraus.

Und sie geht gelassen drüberhin,
müde, mit den schönen blinden Händen,
welche wissen, daß sie es nicht fänden, —

und sie sagt Erdichtetes, darin
Schicksal schwankt, gewolltes, irgendeines,
und sie giebt ihm ihrer Seele Sinn,
daß es ausbricht wie ein Ungemeines:
wie das Schreien eines Steines —

und sie läßt, mit hochgehobnem Kinn
alle diese Worte wieder fallen,
ohne bleibend; denn nicht eins von allen
ist der wehen Wirklichkeit gemäß,
ihrem einzigen Eigentum,
das sie, wie ein fußloses Gefäß
halten muß, hoch über ihren Ruhm
und den Gang der Abende hinaus.

Retrato

Ela, que a tudo renuncia,
não mostra as desventuras em sua face;
por entre suas dores ela envia
o buquê esmaecido dos seus traços
juntado às pressas e já solto quase;
como uma tuberosa, às vezes, nasce
um sorriso que sai dos seus cansaços.

E ela se vai, indiferente e fria,
com mãos cegas e lúcidas, as quais
sabem que ela jamais o reteria, —

e inventa histórias irreais
onde, indeciso, o destino penetra,
e ela dá alma à sua fantasia,
de modo que pareçam tão normais
como o grito de uma pedra —

e faz do queixo altivo que se apruma
cair, uma por uma, cada frase,
ficando *sem* qualquer; já que nenhuma
é digna da triste realidade
que é só de sua possessão,
e que ela, como um vaso sem a base,
deve alçar sobre sua reputação
e o fim de cada tarde que se esfuma.

Venezianischer Morgen

Richard Beer-Hofmann zugeeignet

Fürstlich verwöhnte Fenster sehen immer,
was manchesmal uns zu bemühn geruht:
die Stadt, die immer wieder, wo ein Schimmer
von Himmel trifft auf ein Gefühl von Flut,

sich bildet ohne irgendwann zu sein.
Ein jeder Morgen muß ihr die Opale
erst zeigen, die sie gestern trug, und Reihn
von Spiegelbildern ziehn aus dem Kanale,
und sie erinnern an die andern Male:
dann giebt sie sich erst zu und fällt sich ein

wie eine Nymphe, die den Zeus empfing.
Das Ohrgehäng erklingt an ihrem Ohre;
sie aber hebt San Giorgio Maggiore
und lächelt lässig in das schöne Ding.

Manhã em Veneza

Dedicado a Richard-Beer Hofmann

Janelas principescas veem, entre bocejos,
o que sempre nos causa um sobressalto:
a cidade que aos lúcidos lampejos
de céu, em um anseio de mar alto,

ganha suas formas sem saber pousá-las.
Cada nova manhã mostra as opalas
que ela usou ontem entre as suas galas
nos riscos dos reflexos do canal
e a fazem para sempre remembrá-las:
somente então se entrega, afinal,

como um ninfa a quem Zeus visita.
Brincos retinem-lhe na orelha agora e
ela se alteia em San Giorgio Maggiore,
sorrindo, lânguida, ante coisa tão bonita.

Spätherbst in Venedig

Nun treibt die Stadt schon nicht mehr wie ein Köder,
der alle aufgetauchten Tage fängt.
Die gläsernen Paläste klingen spröder
an deinen Blick. Und aus den Gärten hängt

der Sommer wie ein Haufen Marionetten
kopfüber, müde, umgebracht.
Aber vom Grund aus alten Waldskeletten
steigt Willen auf: als sollte über Nacht

der General des Meeres die Galeeren
verdoppeln in dem wachen Arsenal,
um schon die nächste Morgenluft zu teeren

mit einer Flotte, welche ruderschlagend
sich drängt und jäh, mit allen Flaggen tagend,
den großen Wind hat, strahlend und fatal.

Fim de Outono em Veneza

A cidade sem luz já não é mais o anzol
pescando à beira-mar o dia renascido.
Os palácios de vidro emitem um sonido
mais quebradiço aos olhos. Dos jardins, o sol,

penca de marionetes em um fim da festa,
pende, exaurido, morto, de ponta-cabeça.
Mas da raiz dos esqueletos da floresta
cresce um querer: assim, durante a noite espessa,

no arsenal em vigília ordena o comandante
redobrar as galés, para que a sua frota
possa cobrir de breu a brisa da alvorada

com os remos que vão abrindo a sua rota,
e súbito, as bandeiras todas em parada,
recebe o grande vento, lúgubre e radiante.

San Marco

Venedig

In diesem Innern, das wie ausgehöhlt
sich wölbt und wendet in den goldnen Smalten,
rundkantig, glatt, mit Köstlichkeit geölt,
ward dieses Staates Dunkelheit gehalten

und heimlich aufgehäuft, als Gleichgewicht
des Lichtes, das in allen seinen Dingen
sich so vermehrte, daß sie fast vergingen —.
Und plötzlich zweifelst du: vergehn sie nicht?

und drängst zurück die harte Galerie,
die, wie ein Gang im Bergwerk, nah am Glanz
der Wölbung hängt; und du erkennst die heile

Helle des Ausblicks aber irgendwie
wehmütig messend ihre müde Weile
am nahen Überstehn des Viergespanns.

San Marco

Veneza

No interior que, como uma gruta enorme,
curva-se e arqueia-se no esmalte de ouro,
polida, arredondada, multiforme,
guarda-se a escuridão desse tesouro,

em segredo empilhada, contraparte
do fulgor que a tal ponto se propaga
nas coisas que a elas mesmas quase apaga —.
Ainda estão lá? te ouves perguntar-te,

e voltas pela dura galeria,
como a vereda de uma mina, em busca
do claro domo cuja luz ofusca

o teu olhar, mas com melancolia
comparas seu lampejo de fadiga
à pomposa presença da quadriga.

Ein Doge

Fremde Gesandte sahen, wie sie geizten
mit ihm und allem was er tat;
während sie ihn zu seiner Größe reizten,
umstellten sie das goldene Dogat

mit Spähern und Beschränkern immer mehr,
bange, daß nicht die Macht sie überfällt,
die sie in ihm (so wie man Löwen hält)
vorsichtig nährten. Aber er,

im Schutze seiner halbverhängten Sinne,
ward dessen nicht gewahr und hielt nicht inne,
größer zu werden. Was die Signorie

in seinem Innern zu bezwingen glaubte,
bezwang er selbst. In seinem greisen Haupte
war es besiegt. Sein Antlitz zeigte wie.

Um Doge

Os diplomatas viam-no tratado
com avareza — ele, e o que fazia —
pelos outros; louvando-lhe a honraria,
protegiam o áureo dogado

com restrições e espias ao seu lado,
temerosos do insólito poder
que nele (como a um leão enjaulado)
nutriam com cautela. Ele, sem ver,

com a excusa da semilucidez,
não lhes dava atenção e cada dia
crescia. O íntimo ser que a Signoria

supunha conquistar-lhe alguma vez,
ele já o conquistara. Em cada estria
do velho talhe. O rosto o mostraria.

Die Laute

Ich bin die Laute. Willst du meinen Leib
beschreiben, seine schön gewölbten Streifen:
sprich so, als sprächest du von einer reifen
gewölbten Feige. Übertreib

das Dunkel, das du in mir siehst. Es war
Tullias Dunkelheit. In ihrer Scham
war nicht so viel, und ihr erhelltes Haar
war wie ein heller Saal. Zuweilen nahm

sie etwas Klang von meiner Oberfläche
in ihr Gesicht und sang zu mir.
Dann spannte ich mich gegen ihre Schwäche,
und endlich war mein Inneres in ihr.

O Alaúde

Sou o alaúde. Se alguém há que intente
pintar meu corpo e as linhas do meu lenho
que formam arcos, pense no desenho
de algum figo maduro, pleno. Aumente

a escuridão que vê em mim, que beira
a escuridão de Túlia. Era mais claro
o escuro do seu sexo, e a cabeleira,
uma sala translúcida. Não raro,

fundia o som da minha cordatura,
cantando para mim, na face bela.
Tenso, eu perdia-me em sua cordura:
meu mais íntimo ser entrava nela.

Falkenbeize

Kaiser sein heißt unverwandelt vieles
überstehen bei geheimer Tat:
wenn der Kanzler nachts den Turm betrat,
fand er ihn, des hohen Federspieles
kühnen fürstlichen Traktat

in den eingeneigten Schreiber sagen;
denn er hatte im entlegnen Saale
selber nächtelang und viele Male
das noch ungewohnte Tier getragen,

wenn es fremd war, neu und aufgebräut.
Und er hatte dann sich nie gescheut,
Pläne, welche in ihm aufgesprungen,
oder zärtlicher Erinnerungen
tieftiefinneres Geläut
zu verachten, um des bangen jungen

Falken willen, dessen Blut und Sorgen
zu begreifen er sich nicht erließ.
Dafür war er auch wie mitgehoben,
wenn der Vogel, den die Herren loben,
glänzend von der Hand geworfen, oben
in dem mitgefühlten Frühlingsmorgen
wie ein Engel auf den Reiher stieß.

Falcoaria

Cabe a um rei empreender com destemor
alguma coisa secreta e sombria:
mais de uma noite o conselheiro o via
esquecido, na torre, a compor
o audaz tratado de falcoaria,

que o escriba transcrevia, recurvado;
pois ele mesmo nesse oculto espaço
muitas noites havia atravessado
com o pássaro inquieto no seu braço,

quando era estranho, novo e turbulento,
e o que quer que viesse à mente, então —
planos que entravam em seu pensamento,
ou o embalo de alento
de alguma cálida recordação —
deixava logo, unicamente atento

ao falcão jovem, cujo sangue e sobressalto
ele tentava em vão compreender.
Em troca, ele se via renascer
quando a ave, cara aos príncipes, num salto,
soltando-se da sua mão, do alto
da primavera aberta da manhã, jo-
gava-se sobre a garça como um anjo.

Corrida

In memoriam Montez, 1830

Seit er, klein beinah, aus dem Toril
ausbrach, aufgescheuchten Augs und Ohrs,
und den Eigensinn des Picadors
und die Bänderhaken wie im Spiel

hinnahm, ist die stürmische Gestalt
angewachsen — sieh: zu welcher Masse,
aufgehäuft aus altem schwarzen Hasse,
und das Haupt zu einer Faust geballt,

nicht mehr spielend gegen irgendwen,
nein: die blutigen Nackenhaken hissend
hinter den gefällten Hörnern, wissend
und von Ewigkeit her gegen Den,

der in Gold und mauver Rosaseide
plötzlich umkehrt und, wie einen Schwarm
Bienen und als ob ers eben leide,
den Bestürzten unter seinem Arm

durchläßt, — während seine Blicke heiß
sich noch einmal heben, leichtgelenkt,
und als schlüge draußen jener Kreis
sich aus ihrem Glanz und Dunkel nieder
und aus jedem Schlagen seiner Lider,

Corrida

In memoriam Montez, 1830

Ao sair do toril para os primeiros
passos, olhos e ouvidos assustados,
tendo por jogo os golpes complicados
dos picadores e bandarilheiros,

ninguém diria que a agitada fronte
nessa massa feroz se transformasse,
o negro e antigo ódio em sua face,
como um punho cerrado no horizonte.

Não mais um mero jogo, um lance a esmo.
Sangue das farpas no cachaço irado,
retraído entre os cornos, concentrado
agora num só alvo, sempre o mesmo:

esse que em seda malva e rosa, de ouro
bordado, em gesto rápido, com graça,
deixa passar o tormentoso touro,
como enxame de abelhas quando passa,

por seu braço, — o olhar em chamas vivas
uma última vez alçando, alerta,
como de um círculo exterior formado
pelas luzes e trevas que desperta
o bater de suas pálpebras altivas,

ehe er gleichmütig, ungehässig,
an sich selbst gelehnt, gelassen, lässig
in die wiederhergerollte große
Woge über dem verlornen Stoße
seinen Degen beinah sanft versenkt.

antes que, imperturbável e paciente,
apoiado em si mesmo, indiferente,
na semovente grande onda escura
sepulte com um toque delicado
a sua espada quase com ternura.

Sankt Georg

Und sie hatte ihn die ganze Nacht
angerufen, hingekniet, die schwache
wache Jungfrau: Siehe, dieser Drache,
und ich weiß es nicht, warum er wacht.

Und da brach er aus dem Morgengraun
auf dem Falben, strahlend Helm und Haubert,
und er sah sie, traurig und verzaubert
aus dem Knieen aufwärtsschaun

zu dem Glanze, der er war.
Und er sprengte glänzend längs der Länder
abwärts mit erhobnem Doppelhänder
in die offene Gefahr,

viel zu furchtbar, aber doch erfleht.
Und sie kniete knieender, die Hände
fester faltend, daß er sie bestände;
denn sie wußte nicht, daß der besteht,

den ihr Herz, ihr reines und bereites,
aus dem Licht des göttlichen Geleites
niederreißt. Zuseiten seines Streites
stand, wie Türme stehen, ihr Gebet.

São Jorge

A noite toda ela esperava que chegasse,
súplice, ajoelhada, horror na face,
a virgem a velar: — O dragão está perto
e eu não sei o que o faz assim desperto.

E eis que ele chega entre a noite e a aurora
no seu corcel, luzindo, elmo e armadura,
e ele a vê, de joelhos, que ainda ora,
expectante e insegura

ante a radiância que ele é.
Radioso, ele se lança ao inimigo,
a espada a duas mãos, com toda a fé,
e afronta o perigo,

terrível, mas ainda implorando, e ela,
mãos crispadas, suplica com fervor
para que ele se possa expor,
pois ignora que Ele vela

por quem seu coração, tão puro e aberto, bate,
para arrancá-lo, enfim, da luz que aquece
as escoltas celestes. Durante o combate
como uma torre se ergue a sua prece.

Die Schwestern

Sieh, wie sie dieselben Möglichkeiten
anders an sich tragen und verstehn,
so als sähe man verschiedne Zeiten
durch zwei gleiche Zimmer gehn.

Jede meint die andere zu stützen,
während sie doch müde an ihr ruht;
und sie können nicht einander nützen,
denn sie legen Blut auf Blut,

wenn sie sich wie früher sanft berühren
und versuchen, die Allee entlang
sich geführt zu fühlen und zu führen:
Ach, sie haben nicht denselben Gang.

As Irmãs

Vejam como dos mesmos pressupostos
elas assumem condutas distantes,
como se vários tempos fossem postos
em dois quartos semelhantes.

Cada uma imagina que à outra ajuda,
embora fatigada em seu intento,
mas não há como uma à outra acuda,
pois sangue e sangue não se dão alento,

como outrora, de leve, de mãos dadas,
tentavam, nos passeios habituais,
sentir-se ambas guiando e guiadas:
Ah, seus caminhos já não são iguais.

Übung am Klavier

Der Sommer summt. Der Nachmittag macht müde;
sie atmete verwirrt ihr frisches Kleid
und legte in die triftige Etüde
die Ungeduld nach einer Wirklichkeit,

die kommen konnte: morgen, heute abend —,
die vielleicht da war, die man nur verbarg;
und vor den Fenstern, hoch und alles habend,
empfand sie plötzlich den verwöhnten Park.

Da brach sie ab; schaute hinaus, verschränkte
die Hände; wünschte sich ein langes Buch
und schob auf einmal den Jasmingeruch
erzürnt zurück. Sie fand, daß er sie kränkte.

Exercícios ao Piano

O calor cola. A tarde arde e arqueja.
Ela arfa, sem querer, nas leves vestes
e num *étude* enérgico despeja
a impaciência por algo que está prestes

a acontecer: hoje, amanhã, quem sabe
agora mesmo, oculto, do seu lado;
da janela, onde um mundo inteiro cabe,
ela percebe o parque arrebicado.

Desiste, enfim, o olhar distante; cruza
as mãos; desejaria um livro; sente
o aroma dos jasmins, mas o recusa
num gesto brusco. Acha que a faz doente.

Das Rosen-Innere

Wo ist zu diesem Innen
ein Außen? Auf welches Weh
legt man solches Linnen?
Welche Himmel spiegeln sich drinnen
in dem Binnensee
dieser offenen Rosen,
dieser sorglosen, sieh:
wie sie lose im Losen
liegen, als könnte nie
eine zitternde Hand sie verschütten.
Sie können sich selber kaum
halten; viele ließen
sich überfüllen und fließen
über von Innenraum
in die Tage, die immer
voller und voller sich schließen,
bis der ganze Sommer ein Zimmer
wird, ein Zimmer in einem Traum.

O Interior da Rosa

Onde está o interior
desse exterior? Em que dor
esse linho se foi depor?
Que céus espelham seu eterno
no lago interno
dessas rosas abertas,
vê, essas libertas:
livremente belas
jazem, como se mãos incertas
não pudessem detê-las.
Elas mal podem conter-
se; muitas se deixam ter-
minar e fluem para o outro lado
do interior fechado
dentro dos dias que compõe o
espaço, cada vez menos farto,
até que o verão todo se torne um quarto,
um quarto, um quarto só dentro do sonho.

Dame vor dem Spiegel

Wie in einem Schlaftrunk Spezerein,
löst sie leise in dem flüssigklaren
Spiegel ihr ermüdetes Gebaren;
und sie tut ihr Lächeln ganz hinein.

Und sie wartet, daß die Flüssigkeit
davon steigt; dann gießt sie ihre Haare
in den Spiegel und, die wunderbare
Schulter hebend aus dem Abendkleid,

trinkt sie still aus ihrem Bild. Sie trinkt,
was ein Liebender im Taumel tränke,
prüfend, voller Mißtraun; und sie winkt

erst der Zofe, wenn sie auf dem Grunde
ihres Spiegels Lichter findet, Schränke
und das Trübe einer späten Stunde.

Mulher ao Espelho

Como se sob o efeito de uma essência
entorpecente no líquido-claro
do espelho ela depõe sua aparência
cansada junto ao sorriso mais raro.

E ela espera que o líquido se eleve
nele e a seguir derrama seus cabelos
dentro do espelho e põe-se a desprendê-los,
e erguendo a espádua do vestido leve,

bebe, em silêncio, sua imagem. Bebe,
como um amante, em dúvida, suas belas
miragens beberia. E só percebe

a camareira, quando a mais sombria
face do espelho mostra armários, velas
e os débeis restos da hora tardia.

Die Sonnenuhr

Selten reicht ein Schauer feuchter Fäule
aus dem Gartenschatten, wo einander
Tropfen fallen hören und ein Wander-
vogel lautet, zu der Säule,
die in Majoran und Koriander
steht und Sommerstunden zeigt;

nur sobald die Dame (der ein Diener
nachfolgt) in dem hellen Florentiner
über ihren Rand sich neigt,
wird sie schattig und verschweigt —.

Oder wenn ein sommerlicher Regen
aufkommt aus dem wogenden Bewegen
hoher Kronen, hat sie eine Pause;
denn sie weiß die Zeit nicht auszudrücken,
die dann in den Frucht- und Blumenstücken
plötzlich glüht im weißen Gartenhause.

O Relógio de Sol

De raro em raro a corrosão se alastra,
úmida, às sombras do jardim, e as gotas
escutam-se uma à outra com as notas
de uma ave migratória, na pilastra
alta entre a manjerona e o coriandro
para mostrar as horas do verão.

Somente quando a dama (que um servente
segue), com seu chapéu de sol,
se inclina atentamente para o solo,
ele se torna umbroso e confidente —.

Ou quando, por acaso, a chuva desce
por entre a agitação ondulatória
das copas de árvores, e ele se esquece,
impotente para expressar a hora
da natureza morta dessa flora
que ao pavilhão branco incandesce.

Die Flamingos

Jardin des Plantes, Paris

In Spiegelbildern wie von Fragonard
ist doch von ihrem Weiß und ihrer Röte
nicht mehr gegeben, als dir einer böte,
wenn er von seiner Freundin sagt: sie war

noch sanft von Schlaf. Denn steigen sie ins Grüne
und stehn, auf rosa Stielen leicht gedreht,
beisammen, blühend, wie in einem Beet,
verführen sie verführender als Phryne

sich selber; bis sie ihres Auges Bleiche
hinhalsend bergen in der eignen Weiche,
in welcher Schwarz und Fruchtrot sich versteckt.

Auf einmal kreischt ein Neid durch die Volière;
sie aber haben sich erstaunt gestreckt
und schreiten einzeln ins Imaginäre.

Os Flamingos

Jardín des Plantes, Paris

Como se criações de Fragonard
a espelhar-se, do branco e rubro dá-se
a entrever só o que pode achar
quem a uma sua amiga ainda encontrasse

num sono leve. Em meio ao verde alçados,
aos bandos, como flores numa aleia,
os caules rosa um pouco flexionados,
eles seduzem mais do que Frineia

a si próprios; mas já o palor dos olhos
cai, num dobrar de colo, nos refolhos
que escondem carmesins de fruta e pretos.

Súbito a inveja grita no cenário
do viveiro; surpresos, muito retos,
um a um, partem para o Imaginário.

Die Entführung

Oft war sie als Kind ihren Dienerinnen
entwichen, um die Nacht und den Wind
(weil sie drinnen so anders sind)
draußen zu sehn an ihrem Beginnen;

doch keine Sturmnacht hatte gewiß
den riesigen Park so in Stücke gerissen,
wie ihn jetzt ihr Gewissen zerriß,

da er sie nahm von der seidenen Leiter
und sie weitertrug, weiter, weiter...:

bis der Wagen alles war.

Und sie roch ihn, den schwarzen Wagen,
um den verhalten das Jagen stand
und die Gefahr.
Und sie fand ihn mit Kaltem ausgeschlagen;
und das Schwarze und Kalte war auch in ihr.
Sie kroch in ihren Mantelkragen
und befühlte ihr Haar, als bliebe es hier,
und hörte fremd einen Fremden sagen:
Ichbinbeidir.

O Rapto

Criança, ela fugia à vigilância
das amas para ver a noite e o vento
(já que não são a mesma coisa, dentro)
de fora, em toda a sua errância;

mas treva e tempestade alguma tanto
despedaçaram a imensa alameda
do seu parque, como a consciência, quando

ele a arrancou dos seus degraus de seda,
e para longe, longe, a foi levando...:

até que a carruagem era tudo.

E ela sentiu o odor da carruagem
negra, a perseguição, o medo mudo,
e o perigo.
Achou então que tudo era friagem
e dentro dela havia frio e luto.
Ela escondeu-se mais no seu abrigo,
tocou em seus cabelos, como a despedir-se,
e estranhamente ouviu que o estranho disse:
estoucontigo.

Rosa Hortensie

Wer nahm das Rosa an? Wer wußte auch,
daß es sich sammelte in diesen Dolden?
Wie Dinge unter Gold, die sich entgolden,
entröten sie sich sanft, wie im Gebrauch.

Daß sie für solches Rosa nichts verlangen.
Bleibt es für sie und lächelt aus der Luft?
Sind Engel da, es zärtlich zu empfangen,
wenn es vergeht, großmütig wie ein Duft?

Oder vielleicht auch geben sie es preis,
damit es nie erführe vom Verblühn.
Doch unter diesem Rosa hat ein Grün
gehorcht, das jetzt verwelkt und alles weiß.

Hortênsia Rosa

Quem conceberia este rosa? E quem saberia
que ele viria se recolher nestas umbelas?
Como coisas sob o ouro que todo se alumia,
perdem gentilmente o vermelho, como se pelo uso delas.

Pois por esse rosa elas não pedem nada.
É só para elas que ele resiste e sorri para o ar?
Há anjos ali para o consolar
quando ele expira como um perfume que se evada?

Ou talvez elas o abandonem lá
para que ele nunca saiba quando a flor se acabe.
Mas sob esse rosa um verde já
escutou e murcha e tudo sabe.

Das Wappen

Wie ein Spiegel, der, von ferne tragend,
lautlos in sich aufnahm, ist der Schild;
offen einstens, dann zusammenschlagend
über einem Spiegelbild

jener Wesen, die in des Geschlechts
Weiten wohnen, nicht mehr zu bestreiten,
seiner Dinge, seiner Wirklichkeiten
(rechte links und linke rechts),

die er eingesteht und sagt und zeigt.
Drauf, mit Ruhm und Dunkel ausgeschlagen,
ruht der Spangenhelm, verkürzt,

den das Flügelkleinod übersteigt,
während seine Decke, wie mit Klagen,
reich und aufgeregt herniederstürzt.

A Cota de Malha

Como um espelho, que, de longe, aferra
silente as coisas e as absorve, é o escudo;
antes exposto, logo mais se encerra
sobre o reflexo mudo

dos seres, que agora a nobre linhagem
do espaço habitam, já não mais à espreita,
com seus objetos e com sua imagem
(direita à esquerda e esquerda à direita),

que ele, ostentoso, reconhece e acolhe.
Acima dele, entre as galas e a treva,
vão o elmo e a viseira, que recolhe,

e a pluma alada, em triunfo, sobreleva,
enquanto a malha, como num lamento,
desce em tumulto o seu rico ornamento.

Der Einsame

Nein: ein Turm soll sein aus meinem Herzen
und ich selbst an seinen Rand gestellt:
wo sonst nichts mehr ist, noch einmal Schmerzen
und Unsäglichkeit, noch einmal Welt.

Noch ein Ding allein im Übergroßen,
welches dunkel wird und wieder licht,
noch ein letztes, sehnendes Gesicht,
in das Nie-zu-Stillende verstoßen,

noch ein äußerstes Gesicht aus Stein,
willig seinen inneren Gewichten,
das die Weiten, die es still vernichten,
zwingen, immer seliger zu sein.

O Solitário

Não: uma torre se erguerá do fundo
do coração e eu estarei à borda:
onde não há mais nada, ainda acorda
o indizível, a dor, de novo o mundo.

Ainda uma coisa, só, no imenso mar
das coisas, e uma luz depois do escuro,
um rosto extremo do desejo obscuro
exilado em um nunca-apaziguar,

ainda um rosto de pedra, que só sente
a gravidade interna, de tão denso:
as distâncias que o extinguem lentamente
tornam seu júbilo ainda mais intenso.

Der Leser

Wer kennt ihn, diesen, welcher sein Gesicht
wegsenkte aus dem Sein zu einem zweiten,
das nur das schnelle Wenden voller Seiten
manchmal gewaltsam unterbricht?

Selbst seine Mutter wäre nicht gewiß,
ob *er* es ist, der da mit seinem Schatten
Getränktes liest. Und wir, die Stunden hatten,
was wissen wir, wieviel ihm hinschwand, bis

er mühsam aufsah: alles auf sich hebend,
was unten in dem Buche sich verhielt,
mit Augen, welche, statt zu nehmen, gebend
anstießen an die fertig-volle Welt:
wie stille Kinder, die allein gespielt,
auf einmal das Vorhandene erfahren;
doch seine Züge, die geordnet waren,
blieben für immer umgestellt.

O Leitor

Quem pode conhecer esse que o rosto
mergulha de si mesmo em outras vidas,
que só o folhear das páginas corridas
alguma vez atalha a contragosto?

A própria mãe já não veria o seu
filho nesse diverso *ele* que agora,
servo da sombra, lê. Presos à hora,
como sabermos quanto se perdeu

antes que ele soerga o olhar pesado
de tudo o que no livro se contém,
com olhos, que, doando, contravêm
o mundo já completo e acabado:
como crianças que brincam sozinhas
e súbito descobrem algo a esmo;
mas o rosto, refeito em suas linhas,
nunca mais será o mesmo.

Der Berg

Sechsunddreißig Mal und hundert Mal
hat der Maler jenen Berg geschrieben,
weggerissen, wieder hingetrieben
(sechsunddreißig Mal und hundert Mal)

zu dem unbegreiflichen Vulkane,
selig, voll Versuchung, ohne Rat, —
während der mit Umriß Angetane
seiner Herrlichkeit nicht Einhalt tat:

tausendmal aus allen Tagen tauchend,
Nächte ohne gleichen von sich ab
fallen lassend, alle wie zu knapp;
jedes Bild im Augenblick verbrauchend,
von Gestalt gesteigert zu Gestalt,
teilnahmslos und weit und ohne Meinung —,
um auf einmal wissend, wie Erscheinung,
sich zu heben hinter jedem Spalt.

A Montanha

Trinta e seis vezes e mais outras cem
o pintor escreveu essa montanha,
devotado, sem êxito, à façanha
(trinta e seis vezes e mais outras cem)

de entender o vulcão que ele trazia,
feliz, mesmerizado, no seu peito,
mas a montanha de perfil perfeito
não lhe quis revelar sua magia:

doando-se do ar de cada dia,
mil vezes, cada noite cintilante
abandonando, como sem valia;
cada imagem imersa num instante,
em cada forma a forma transformada,
indiferente, distante, modesta —,
sabendo, como uma visão, do nada,
acontecer atrás de cada fresta.

Der Ball

Du Runder, der das Warme aus zwei Händen
im Fliegen, oben, fortgiebt, sorglos wie
sein Eigenes; was in den Gegenständen
nicht bleiben kann, zu unbeschwert für sie,

zu wenig Ding und doch noch Ding genug,
um nicht aus allem draußen Aufgereihten
unsichtbar plötzlich in uns einzugleiten:
das glitt in dich, du zwischen Fall und Flug

noch Unentschlossener: der, wenn er steigt,
als hätte er ihn mit hinaufgehoben,
den Wurf entführt und freiläßt —, und sich neigt
und einhält und den Spielenden von oben
auf einmal eine neue Stelle zeigt,
sie ordnend wie zu einer Tanzfigur,

um dann, erwartet und erwünscht von allen,
rasch, einfach, kunstlos, ganz Natur,
dem Becher hoher Hände zuzufallen.

A Bola

Redondez, do calor das mãos que sente,
alçada, em voo descuidado, aéreo,
como se de si mesma, o que há de ausente
nessa matéria, o que há de tão etéreo,

ainda não coisa, mas coisa o bastante,
para poder do longe onde se arreda
delizar invisível, não adiante
mas dentro de nós, entre voo e queda

ainda indecisos: pois quando alguém salta
para elevar-se com ela no ar,
ela acolhe e libera o lance e, alta,
se inclina e se suspende em sua altura,
mostrando ao jogador novo lugar,
como a indicar-lhe o passo de uma dança,

para que enfim, de todos a esperança,
salte, solta, em sua natureza pura,
para a concha da mão que no alto a alcança.

Der Hund

Da oben wird das Bild von einer Welt
aus Blicken immerfort erneut und gilt.
Nur manchmal, heimlich, kommt ein Ding und stellt
sich neben ihn, wenn er durch dieses Bild

sich drängt, ganz unten, anders, wie er ist;
nicht ausgestoßen und nicht eingereiht,
und wie im Zweifel seine Wirklichkeit
weggebend an das Bild, das er vergißt,

um dennoch immer wieder sein Gesicht
hineinzuhalten, fast mit einem Flehen,
beinah begreifend, nah am Einverstehen
und doch verzichtend: denn er wäre nicht.

O Cachorro

A imagem — no alto — de um mundo distante
é sempre renovada e acolhida.
Súbito alguma coisa é percebida
e dessa imagem que se põe diante

do olhar, segue ele, embaixo, diferente,
sem repulsa ou refúgio em um lugar,
cedendo a realidade, a duvidar
da imagem que ele esquece já, somente

para avançar sua busca, sem cessar,
quase como uma súplica, em via
de compreender, bem perto de aceitar
mas renunciando: senão, não seria.

Der Käferstein

Sind nicht Sterne fast in deiner Nähe
und was giebt es, das du nicht umspannst,
da du dieser harten Skarabäe
Karneolkern gar nicht fassen kannst

ohne jenen Raum, der ihre Schilder
niederhält, auf deinem ganzen Blut
mitzutragen; niemals war er milder,
näher, hingegebener. Er ruht

seit Jahrtausenden auf diesen Käfern,
wo ihn keiner braucht und unterbricht;
und die Käfer schließen sich und schläfern
unter seinem wiegenden Gewicht.

O Escaravelho de Pedra

Não, as estrelas não estão mais perto,
e há algo em teu redor que não dominas
sem ir ao coração das cornalinas
duras do escaravelho recoberto,

pois não podes no sangue mais profundo
ressuscitar o Espaço que o tem preso.
Nunca ele foi tão suave, tão sem peso,
tão próximo e envolvente. Lá, no fundo,

há milênios repousa no besouro,
onde nada interrompe-lhe o abandono,
fechado em sua casca e no seu sono,
ao embalo do peso duradouro.

Buddha in der Glorie

Mitte aller Mitten, Kern der Kerne,
Mandel, die sich einschließt und versüßt, —
dieses Alles bis an alle Sterne
ist dein Fruchtfleisch: Sei gegrüßt.

Sieh, du fühlst, wie nichts mehr an dir hängt;
im Unendlichen ist deine Schale,
und dort steht der starke Saft und drängt.
Und von außen hilft ihm ein Gestrahle,

denn ganz oben werden deine Sonnen
voll und glühend umgedreht.
Doch in dir ist schon begonnen,
was die Sonnen übersteht.

Buda em Glória

Cerne dos cernes e lastro dos lastros,
amêndoa que se encerra em seu dulçor, —
o universo inteiro, até os astros,
é tua polpa: a ti, todo o louvor.

Olha, sente que nenhum elo mais
te prende; tua casca é o infinito,
e do teu fundo mana um mel bendito.
Do exterior uma irradiação se faz,

pois do alto, como esplêndidos faróis,
giram teus sóis em torno do teu centro.
Mas já nasceu em ti, brilhando dentro,
o que perdura além dos outros sóis.

SONETTE AN ORPHEUS
SONETOS A ORFEU

(1922)

Erster Teil
I. 1

Da stieg ein Baum. O reine Übersteigung!
O Orpheus singt! O hoher Baum im Ohr!
Und alles schwieg. Doch selbst in der Verschweigung
ging neuer Anfang, Wink und Wandlung vor.

Tiere aus Stille drangen aus dem klaren
gelösten Wald von Lager und Genist;
und da ergab sich, daß sie nicht aus List
und nicht aus Angst in sich so leise waren,

sondern aus Hören. Brüllen, Schrei, Geröhr
schien klein in ihren Herzen. Und wo eben
kaum eine Hütte war, dies zu empfangen,

ein Unterschlupf aus dunkelstem Verlangen
mit einem Zugang, dessen Pfosten beben, —
da schufst du ihnen Tempel im Gehör.

Primeira Parte
I. 1

Uma árvore se ergueu. Que transcendência pura!
É Orfeu que canta! Oh alta árvore no ouvido!
Tudo cala. Mas do silêncio transcendido
um novo início, um gesto, um ser se configura.

Animais do silêncio deixam o segredo
da selva clara e livre, ninhos e moradas;
e se entendeu que as feras, se estavam caladas,
não era por mera artimanha nem por medo,

mas pelo dom de ouvir. Uivar, gemer, bramir
já não era bastante agora. E ali, onde antes
mal havia um lugar para o acolher seguro,

miserável refúgio de um desejo obscuro,
com um postigo de pilares tremulantes, —
ali criaste um templo insólito do ouvir.

I. 3

Ein Gott vermags. Wie aber, sag mir, soll
ein Mann ihm folgen durch die schmale Leier?
Sein Sinn ist Zwiespalt. An der Kreuzung zweier
Herzwege steht kein Tempel für Apoll.

Gesang, wie du ihn lehrst, ist nicht Begehr,
nicht Werbung um ein endlich noch Erreichtes;
Gesang ist Dasein. Für den Gott ein Leichtes.
Wann aber *sind* wir? Und wann wendet *er*

an unser Sein die Erde und die Sterne
Dies *ists* nicht, Jüngling, daß du liebst, wenn auch
die Stimme dann den Mund dir aufstößt, — lerne

vergessen, daß du aufsangst. Das verrinnt.
In Wahrheit singen, ist ein andrer Hauch.
Ein Hauch um nichts. Ein Wehn im Gott. Ein Wind.

I. 3

Um deus pode. Mas como erguer do solo,
na estreita lira, o canto de uma vida?
Sentir é dois: no beco sem saída
dos corações não há templos de Apolo.

Como ensinas, cantar não é a vaidade
de ir ao fim da meta cobiçada.
Cantar é ser. Aos deuses, quase nada.
Mas nós, quando é que *somos*? Em que idade

nos devolvem a terra e as estrelas?
Amar, jovem, *é* pouco, e ainda que doam
as palavras nos lábios, ao dizê-las,

esquece os teus cantares. Já não soam.
Cantar é mais. Cantar é um outro alento.
Ar para nada. Arfar em deus. Um vento.

I. 9

Nur wer die Leier schon hob
auch unter Schatten
darf das unendliche Lob
ahnend erstatten.

Nur wer mit Toten vom Mohn
aß, von dem ihren,
wird nicht den leisesten Ton
wieder verlieren.

Mag auch die Spieglung im Teich
oft uns verschwimmen:
Wisse das Bild.

Erst in dem Doppelbereich
werden die Stimmen
ewig und mild.

I. 9

Só quem ergueu a lira
nas sombras do inferno,
pode, como o pressentira,
prestar louvor eterno.

Só quem provou da papoula
com os mortos, terá o dom
de recompô-la,
tom por tom.

Ainda que o reflexo no lago
nos pareça mais vago:
conhece a imagem.

Só em região obscura
as vozes reagem
com infinda ternura.

I. 11

Sieh den Himmel. Heißt kein Sternbild "Reiter"?
Denn dies ist uns seltsam eingeprägt:
dieser Stolz aus Erde. Und ein Zweiter,
der ihn treibt und hält und den er trägt.

Ist nicht so, gejagt und dann gebändigt,
diese sehnige Natur des Seins?
Weg und Wendung. Doch ein Druck verständigt.
Neue Weite. Und die zwei sind eins.

Aber *sind* sie's? Oder meinen beide
nicht den Weg, den sie zusammen tun?
Namenlos schon trennt sie Tisch und Weide.

Auch die sternische Verbindung trügt.
Doch uns freue eine Weile nun
der Figur zu glauben. Das genügt.

I. 11

Contempla o céu. Não chamam "Cavaleiro"
a uma constelação? Estranho, em nós, se grava
este orgulho da terra. E um segundo parceiro,
esse que o leva e que ele impele ou trava.

Não é assim que faz — caçar e após conter —
a natureza nervosa do ser?
Caminho e volta. Basta uma pressão comum.
Um novo curso. E os dois são um.

Mas *serão* mesmo unos com certeza?
Ou ignoram a via que os irmana?
Sem nome, já os opõem o campo e a mesa.

Até a conjunção dos astros nos engana.
Mas nos alegra só por um instante
crer na figura. Isso é o bastante.

I. 13

Voller Apfel, Birne und Banane,
Stachelbeere... Alles dieses spricht
Tod und Leben in den Mund... Ich ahne...
Lest es einem Kind vom Angesicht,

wenn es sie erschmeckt. Dies kommt von weit.
Wird euch langsam namenlos im Munde?
Wo sonst Worte waren fließen Funde,
aus dem Fruchtfleisch überrascht befreit.

Wagt zu sagen, was ihr Apfel nennt
Diese Süße, die sich erst verdichtet,
um, im Schmecken leise aufgerichtet,

klar zu werden, wach und transparent,
doppeldeutig, sonnig, erdig, hiesig —:
O Erfahrung, Fühlung, Freude — riesig!

I. 13

Maçã madura, pera e banana,
groselha... Tudo isso fala
morte e vida na boca... É o que exala
num rosto de criança, ao saboreá-la,

a fruta. De bem longe isso provém.
Em tua boca ela não perde o nome?
Onde eram palavras flui além
da carne dessa fruta o que a consome.

Como chamar "maçã" esse dulçor
que se concentra todo ali, somente,
para com suavidade o seu sabor

tornar em ágil, clara, transparente,
ambígua, ensolarada, aqui, terrena —:
sensação, alegria, vida: — plena.

I. 18

Hörst du das Neue, Herr,
dröhnen und beben?
Kommen Verkündiger,
die es erheben.

Zwar ist kein Hören heil
in dem Durchobtsein,
doch der Maschinenteil
will jetzt gelobt sein.

Sieh, die Maschine:
wie sie sich wälzt und rächt
und uns entsellt und schwächt.

Hat sie aus uns auch Kraft,
sie, ohne Leidenschaft,
treibe und diene.

I. 18

O Novo: vê, Senhor,
como treme e troa?
Profetas, com fervor,
alçam-se em loa.

Ouvido de ninguém
obsta-lhe o rumor;
a Máquina, porém,
quer mais louvor.

A Máquina: admira
como se vinga e gira,
nos desfigura e diminui.

Mas se de nós vem o seu aço,
que ela, sem cansaço,
sirva e atue.

I. 22

Wir sind die Treibenden.
Aber den Schritt der Zeit,
nehmt ihn als Kleinigkeit
im immer Bleibenden.

Alles das Eilende
wird schon vorüber sein;
denn das Verweilende
erst weiht uns ein.

Knaben, o werft den Mut
nicht in die Schnelligkeit,
nicht in den Flugversuch.

Alles ist ausgeruht:
Dunkel und Helligkeit,
Blume und Buch.

I. 22

A nós, nos cabe andar.
Mas o tempo, os seus passos,
são mínimos pedaços
do que há de ficar.

É perda pura
tudo o que é pressa;
só nos interessa
o que sempre dura.

Jovem, não há virtude
na velocidade
e no voo, aonde for.

Tudo é quietude:
escuro e claridade,
livro e flor.

I. 25

Dich aber will ich nun, *Dich*, die ich kannte
wie eine Blume, von der ich den Namen nicht weiß,
noch *ein* Mal erinnern und ihnen zeigen, Entwandte,
schöne Gespielin des unüberwindlichen Schrei's.

Tänzerin erst, die plötzlich, den Körper voll Zögern,
anhielt, als göß man ihr Jungsein in Erz;
trauernd und lauschend —. Da, von den hohen Vermögern
fiel ihr Musik in das veränderte Herz.

Nah war die Krankheit. Schon von den Schatten bemächtigt,
drängte verdunkelt das Blut, doch, wie flüchtig verdächtigt,
trieb es in seinen natürlichen Frühling hervor.

Wieder und wieder, von Dunkel und Sturz unterbrochen,
glänzte es irdisch. Bis es nach schrecklichem Pochen
trat in das trostlos offene Tor.

I. 25

Porém a *Ti* agora eu quero, a *Ti*, somente,
que eu vi como uma flor de nome ignorado,
uma vez mais lembrar, mostrar-te, a evanescente
e bela companheira do grito indomado.

Nascida para a dança, o corpo em voo de repente
parou, a juventude refundida em bronze,
à escuta e em luto —. Então veio a lei mais potente:
e ao coração mudado a música dobrou-se.

Perto, a doença. Em meio à sombra que o impelia,
o sangue escureceu, incerto, e todavia
buscou se aproximar da primavera natural.

Mesmo travado pela treva e o desencanto,
ainda brilhava. Até que num pulsar de espanto
passou, sem perdão, pelo portal.

Zweiter Teil
II. 1

Atmen, du unsichtbares Gedicht!
Immerfort um das eigne
Sein rein eingetauschter Weltraum. Gegengewicht,
in dem ich mich rhythmisch ereigne.

Einzige Welle, deren
allmähliches Meer ich bin;
sparsamstes du von allen möglichen Meeren, —
Raumgewinn.

Wieviele von diesen Stellen der Räume waren schon
innen in mir. Manche Winde
sind wie mein Sohn.

Erkennst du mich, Luft, du, voll noch einst meiniger Orte?
Du, einmal glatte Rinde,
Rundung und Blatt meiner Worte.

Segunda Parte
II. 1

Respirar, invisível dom — poesia!
Permutação entre o espaço infinito
e o ser. Pura harmonia
onde em ritmos me habito.

Única onda, onde me assumo
mar, sucessivamente transformado.
De todos os possíveis mares — sumo.
Espaço conquistado.

Quantas dessas estâncias dos espaços
estavam já em mim. E quanta brisa
como um filho em meus braços.

Me reconheces, ar, nas tuas velhas lavras?
Outrora casca lisa,
céu e folhagem das minhas palavras.

II. 3

Spiegel: noch nie hat man wissend beschrieben,
was ihr in euerem Wesen seid.
Ihr, wie mit lauter Löchern von Sieben
erfüllten Zwischenräume der Zeit.

Ihr, noch des leeren Saales Verschwender —,
wenn es dämmert, wie Wälder weit ...
Und der Lüster geht wie ein Sechzehn-Ender
durch eure Unbetretbarkeit.

Manchmal seid ihr voll Malerei.
Einige scheinen in euch gegangen
andere schicktet ihr scheu vorbei.

Aber die Schönste wird bleiben —, bis
drüben in ihre enthaltenen Wangen
eindrang der klare gelöste Narziß.

II. 3

Espelhos: o que sois ninguém se viu,
em sua essência, retratá-lo.
Vós que vazais um intervalo
no tempo com as peneiras do vazio.

Perdulários das salas ocas que esqueceis,
quando anoitece, como florestas distantes,
e o lustre — cervo de dezesseis
pontas — devassa com as luzes penetrantes.

Talvez estejais cheios de pinturas.
Umas parecem em vós incorporadas
— outras dispensais com um brilho indeciso.

Mas as mais belas ficarão guardadas —,
até que lá do alto, em suas feições puras,
penetre, livre e lúcido, Narciso.

II. 4

O Dieses ist das Tier, das es nicht giebt.
Sie wußtens nicht und habens jeden Falls
— sein Wandeln, seine Haltung, seinen Hals,
bis in des stillen Blickes Licht — geliebt.

Zwar war es nicht. Doch weil sie's liebten, ward
ein reines Tier. Sie ließen immer Raum.
Und in dem Raume, klar und ausgespart,
erhob es leicht sein Haupt und brauchte kaum

zu sein. Sie nährten es mit keinem Korn,
nur immer mit der Möglichkeit, es sei.
Und die gab solche Stärke an das Tier,

daß es aus sich ein Stirnhorn trieb. Ein Horn.
Zu einer Jungfrau kam es weiß herbei —
und war im Silber-Spiegel und in ihr.

II. 4

Eis aqui o animal inexistente.
Sem saber, começaram a adorar
o passo, o porte, o dorso e lentamente
até a luz do seu sereno olhar.

Não existia. Mas de o amarem tanto,
fez-se puro animal. Deram-lhe espaço.
E no espaço, ele, claro, do seu canto
soergueu a cabeça, com cansaço

de ser. Não o nutriram com capim,
mas com eterno poder-ser, e assim,
de tal força dotaram o animal

que um unicórnio fez-se em sua testa.
Branco, o viu uma virgem, afinal —
e em seu espelho ele existiu e nesta.

II. 5

Blumenmuskel, der der Anemone
Wiesenmorgen nach and nach erschließt,
bis in ihren Schooß das polyphone
Licht der lauten Himmel sich ergießt,

in den stillen Blütenstern gespannter
Muskel des unendlichen Emphangs,
manchmal so von Fülle übermannter,
daß der Ruhewink des Untergangs

kaum vermag die weiterzurückgeschnellten
Blätterränder dir zurückzugeben:
du, Entschluß und Kraft von wieviel Welten!

Wir, Gewaltsamen, wir währen länger.
Aber wann, in welchem aller Leben,
sind wir endlich offen und Empfänger?

II. 5

Músculo-flor que, aos poucos, dia a dia,
abres a anêmona pela campina,
até envolvê-la na polifonia
da luz que do alto céu tudo ilumina,

músculo distendido na quietude
da estrela-flor, de infinito acolhimento,
e tão colmado de sua plenitude
que a calma que assinala o advento

do ocaso mal lhe pode dar, iguais,
de volta, as mesmas pétalas de antes —
vigor sem fim de mundos mais distantes!

Nós, violentos, duramos mais.
Mas quando, em que vida, nós, incertos,
seremos, afinal, plenos e abertos?

II. 14

Siehe die Blumen, diese dem Irdischen treuen,
denen wir Schicksal vom Rande des Schicksals leihn, —
aber wer weiß es! Wenn sie ihr Welken bereuen,
ist es an uns, ihre Reue zu sein.

Alles will schweben. Da gehn wir umher wie Beschwerer,
legen auf alles uns selbst, von Gewichte entzückt;
o was sind wir den Dingen für zehrende Lehrer,
weil ihnen ewige Kindheit glückt.

Nähme sie einer ins innige Schlafen und schliefe
tief mit den Dingen—: o wie käme er leicht,
anders zum anderen Tag, aus der gemeinsamen Tiefe.

Oder er bliebe vielleicht; und sie blühten und priesen
ihn, den Bekehrten, der nun den Ihrigen gleicht,
allen den stillen Geschwistern im Winde der Wiesen.

II. 14

Contempla as flores, essas fiéis da terra
a quem cabe uma sorte antes da sorte, —
quem sabe? Quando choram sua morte,
é o nosso próprio choro que as enterra.

Tudo quer voo. Impomo-nos, pesados,
a tudo o mais, gratos ao nosso peso,
e as coisas devoramos com desprezo
por sua eterna infância ultrapassados.

Se alguém pudesse partilhar o sono
das coisas e, com íntimo abandono,
dormir com elas, já menos pesante

seria o outro dia; e com que alento
floresceriam para o semelhante
essas irmãs silentes sob o vento.

II. 15

O Brunnen-Mund, du gebender, du Mund,
der unerschöpflich Eines, Reines, spricht, —
du, vor des Wassers fließendem Gesicht,
marmorne Maske. Und im Hintergrund

der Aquädukte Herkunft. Weither an
Gräbern vorbei, vom Hang des Apennins
tragen sie dir dein Sagen zu, das dann
am schwarzen Altern deines Kinns

vorüberfällt in das Gefäß davor.
Dies ist das schlafend hingelegte Ohr,
das Marmorohr, in das du immer sprichst.

Ein Ohr der Erde. Nur mit sich allein
redet sie also. Schiebt ein Krug sich ein,
so scheint es ihr, daß du sie unterbrichst.

II. 15

Ó doadora, boca-chafariz,
que declaras o uno, o puro infindo,
ante a face das águas sempre fluindo,
ó máscara de mármore. Matriz

dos aquedutos, que de longe vêm.
Por entre tumbas, do Apenino, descem
para trazer-te a fala em que se esquecem
nesse teu velho queixo escuro, e além,

no receptáculo de uma outra vala,
onde, dormente, posta-se um ouvido,
mármore-ouvido, em que cai tua fala.

Ou terra-ouvido. Apenas com seu eu
conversa, então. Se um jarro é introduzido,
parece-lhe que alguém a interrompeu.

II. 16

Immer wieder von uns aufgerissen,
ist der Gott die Stelle, welche heilt.
Wir sind Scharfe, denn wir wollen wissen,
aber er ist heiter und verteilt.

Selbst die reine, die geweiht Spende
nimmt er anders nicht in seine Welt,
als indem er sich dem freien Ende
unbewegt entgegenstellt.

Nur der Tote trinkt
aus der hier von uns *gehörten* Quelle,
wenn der Gott ihm schweigend winkt, dem Toten.

Uns wird nur das Lärmen angeboten.
Und das Lamm erbittet seine Schelle
aus dem stilleren Instinkt.

II. 16

Sempre por nós dilacerado,
o deus é o lugar da cura.
Nós cortamos, incansáveis na procura,
mas ele é alegre e descuidado.

Mesmo a oferenda mais sincera
só em seu mundo ele a aceita,
e o final livre ele rejeita,
indiferente à espera.

Só o morto bebe
da fonte que não nos recebe,
quando o deus em silêncio acena para o extinto.

A *nós* só é dado o rumor.
E o cordeiro implora ao criador
o guizo mais quieto do instinto.

II. 19

Wandelt sich rasch auch die Welt
wie Wolkengestalten,
alles Vollendete fällt
heim zum Uralten.

Über dem Wandel und Gang,
weiter und freier,
währt noch dein Vor-Gesang,
Gott mit der Leier.

Nicht sind die Leiden erkannt,
nicht ist die Liebe gelernt,
und was im Tod uns entfernt,

ist nicht entschleiert.
Einzig das Lied überm Land
heiligt und feiert.

II. 19

Mesmo que o mundo mude com rapidez,
como nuvens em movimento,
tudo volta outra vez
ao primeiro momento.

Sobre as mudanças, quanto
mais livre ainda se estira
e dura o teu pré-canto,
deus com a lira!

Não se compreende a dor,
não se aprende o amor,
e ao que na morte nos desterra

a mente é muda.
Só o canto sobre a terra
salva e saúda.

II. 20

Zwischen den Sternen, wie weit; und doch, um wievieles noch weiter,
was man am Hiesigen lernt.
Einer, zum Beispiel, ein Kind... und ein Nächster, ein Zweiter —,
o wie unfaßlich entfernt.

Schicksal, es mißt uns vielleicht mit des Seienden Spanne,
daß es uns fremd erscheint;
denk, wieviel Spannen allein vom Mädchen zum Manne,
wenn es ihn meidet und meint.

Alles ist weit —, und nirgends schließt sich der Kreis.
Sieh in der Schüssel, auf heiter bereitetem Tische,
seltsam der Fische Gesicht.

Fische sind stumm..., meinte man einmal. Wer weiß?
Aber ist nicht am Ende ein Ort, wo man das, was der Fische
Sprache wäre, *ohne* sie spricht?

II. 20

Entre as estrelas, que distância! Mas ainda mais irrestrita
é a distância que nos separa
de uma criança, por exemplo... ou uma pessoa cara —,
ah! que distância infinita!

O destino nos mede, talvez, com o metro do Ser,
por estranho que se o tenha.
Quantas medidas entre o homem e a mulher
que o deseja e desdenha.

Tudo é distância —, é um círculo sem fim.
Vê, sobre o prato, à mesa, posta com brandura,
o peixe: a sua face obscura.

Peixes são mudos... se pensava outrora. Será assim?
Não haverá, afinal, um lugar em que se deixe
falar a língua dos peixes, *sem* o peixe?

II. 29

Stiller Freund der vielen Fernen, fühle,
wie dein Atem noch den Raum vermehrt.
Im Gebälk der finstern Glockenstühle
laß dich läuten. Das, was an dir zehrt,

wird ein Starkes über dieser Nahrung.
Geh in der Verwandlung aus und ein.
Was ist deine leidendste Erfahrung?
Ist dir Trinken bitter, werde Wein.

Sei in dieser Nacht aus Übermaß
Zauberkraft am Kreuzweg deiner Sinne,
ihrer seltsamen Begegnung Sinn.

Und wenn dich das Irdische vergaß,
zu der stillen Erde sag: Ich rinne.
Zu dem raschen Wasser sprich: Ich bin.

II. 29

Amigo silencioso da distância,
sente o teu sopro dilatando o espaço.
Na caixa dos sinos baços do teu cansaço
Deixa-te ressoar. O que era em ti substância

torna-se, assimilado, mais forte que tudo.
Vai e vem na metamorfose. Qual o espinho
de tuas experiências mais agudo?
Se beber te é amargo, faz-te vinho.

Na noite além de todas as medidas, ousa
ser a magia da encruzilhada dos sentidos,
o sentido de seus encontros impressentidos.

E se o que é terrestre te olvidou,
diz: "eu corro" à terra que repousa
e diz à água rápida: "eu sou".

QUATRO POEMAS ESPARSOS

(1924)

O sage, Dichter...

O sage, Dichter, was du tust? — Ich rühme.
Aber das Tödliche und Ungetüme,
wie haltst du's aus, wie nimmst du's hin? — Ich rühme.
Aber das Namenlose, Anonyme,
wie rufst du's, Dichter, dennoch an? — Ich rühme.
Woher dein Recht, in jeglichem Kostüme,
in jeder Maske wahr zu sein? — Ich rühme.
Und dass das Stille und das Ungestüme
wie Stern und Sturm dich kennen?:— Weil ich rühme.

Diz-me, poeta...

[*a Haroldo de Campos*]

Diz-me, poeta, o que fazes? — Eu canto.
Porém a morte e todo o desencanto,
como os suportas e aceitas? — Eu canto.
O inominado e o anônimo, no entanto,
como os consegues nomear? — Eu canto.
Que direito te faz, em qualquer canto,
máscara ou veste, ser veraz? — Eu canto.
Como o silêncio dos astros e o espanto
dos raios te conhecem?: — Porque eu canto.

O original é dedicado a Leonid Zacharias, Muzot, 20 de dezembro de 1921.

A tradução, a Haroldo de Campos, que em seu primeiro livro, *O Auto do Possesso* (1950), usou como epígrafe o verso inicial, assim traduzido por ele: "Dize-me, ó poeta, o que fazes? Eu celebro."

Die Frucht

Das stieg zu ihr aus Erde, stieg und stieg,
und war verschwiegen in dem stillen Stamme
und wurde in der klaren Blüte Flamme,
bis es sich wiederum verschwieg.

Und fruchtete durch eines Sommers Länge
an dem bei Tag und Nacht bemühten Baum,
und kannte sich als kommendes Gedränge
wider den teilnahmsvollen Raum.

Und wenn es jetzt im rundenden Ovale
mit seiner vollgewordnen Ruhe prunkt,
stürzt es, verzichtend, innen in der Schale
zurück in seinen Mittelpunkt.

O Fruto

Subia, algo subia, ali, do chão,
quieto, no caule calmo, algo subia,
até que se fez flama em floração
clara e calou sua harmonia.

Floresceu, sem cessar, todo um verão
na árvore obstinada, noite e dia,
e se soube futura doação
diante do espaço que o acolhia.

E quando, enfim, se arredondou, oval,
na plenitude de sua alegria,
dentro da mesma casca que o encobria
volveu ao centro original.

Welt war in dem Antlitz

Welt war in dem Antlitz der Geliebten —,
aber plötzlich ist sie ausgegossen:
Welt ist draußen, Welt ist nicht zu fassen.

Warum trank ich nicht, da ich es aufhob,
aus dem vollen, dem geliebten Antlitz
Welt, die nah war, duftend meinem Munde?

Ach, ich trank. Wie trank ich unerschöpflich.
Doch auch ich war angefüllt mit zu viel
Welt, und trinkend ging ich selber über.

O Mundo Estava no Rosto

O mundo estava no rosto da amada —,
e logo converteu-se em nada, em
mundo fora do alcance, mundo-além.

Por que não o bebi quando o encontrei
no rosto amado, um mundo à mão, ali,
aroma em minha boca, eu só seu rei?

Ah, eu bebi. Com que sede eu bebi.
Mas eu também estava pleno de
mundo e, bebendo, eu mesmo transbordei.

O
das Proben
in allen Vögeln geschiehts.
Horch, die kleine Treppe des Lieds,
und oben:
noch nichts

doch
der Wille
so groß schon und größer das Herz;
sein Wachsen im Raume unendlish gewährts
die Stille:
des Lichts.

(1921)

O
sobressalto
em todos os pássaros soando.
Ouve! os tênues degraus do canto
e ao alto:
sus

penso
sustém-se
o desejo e o coração mais intenso
vence o (no espaço imenso)
silêncio:
da luz.

APÊNDICE
WILLIAM BUTLER YEATS

(1865-1939)

Leda and the Swan

A sudden blow: the great wings beating still
Above the staggering girl, her thighs caressed
By the dark webs, her nape caught in his bill,
He holds her helpless breast upon his breast.

How can those terrified vague fingers push
The feathered glory from her loosening thighs?
And how can body, laid in that white rush,
But feel the strange heart beating where it lies?

A shudder in the loins engenders there
The broken wall, the burning roof and tower
And Agamemnon dead.
                        Being so caught up,

So mastered by the brute blood of the air,
Did she put on his knowledge with his power
Before the indifferent beak could let her drop?

Leda e o Cisne

Um baque súbito. A asa enorme ainda se abate
Sobre a moça que treme. Em suas coxas o peso
Da palma escura acariciante. O bico preso
À nuca, contra o peito o peito se debate.

Como podem os pobres dedos sem vigor
Negar à glória e à pluma as coxas que se vão
Abrindo e como, entregue a tão branco furor,
Não sentir o pulsar do estranho coração?

Um frêmito nos rins haverá de engendrar
Os muros em ruína, a torre, o teto a arder
E Agamêmnon, morrendo.
                           Ela, tão sem defesa,

Violentada pelo bruto sangue do ar,
Se impregnaria de tal força e tal saber
Antes que o bico inerte abandonasse a presa?

OBRAS DE
AUGUSTO DE CAMPOS

POESIA

O REI MENOS O REINO
São Paulo: Edição do autor, 1951.

POETAMENOS (1953)
1. ed. na revista-livro *Noigandres*, n. 2. São Paulo: Edição dos autores, 1955. (2. ed. São Paulo: Invenção, 1973.)

ANTOLOGIA NOIGANDRES
(com Décio Pignatari, Haroldo de Campos, Ronaldo Azeredo e José Lino Grünewald). São Paulo: Edição dos autores, 1962.

LINGUAVIAGEM (cubepoem)
Limited edition of 100 copies, designed by Philip Steadman. Brighton: England, 1967. Na versão original: São Paulo: Edição do autor, 1970.

EQUIVOCÁBULOS
São Paulo: Invenção, 1970.

COLIDOUESCAPO
São Paulo: Invenção, 1971. (2. ed. São Paulo: Amauta, 2006.)

POEMÓBILES (1968-1974).
Poemas-objetos, em colaboração com Julio Plaza. São Paulo: Edição dos autores, 1974. (2. ed. São Paulo: Brasiliense, 1985; 3. ed. São Paulo: Annablume, 2010. [Selo Demônio Negro])

CAIXA PRETA
Poemas e objetos-poemas, em colaboração com Julio Plaza. São Paulo: Edição dos autores, 1975.

VIVA VAIA (Poesia 1949-1979)
São Paulo: Duas Cidades, 1979. (2. ed. São Paulo: Brasiliense, 1986; 3. ed. revista e ampliada. São Paulo: Ateliê, 2001; 4. ed., 2008.)

EXPOEMAS (1980-1985)
Serigrafias de Omar Guedes. São Paulo: Entretempo, 1985.

NÃO
Poema-xerox. São Paulo: Edição do autor, 1990.

POEMAS
Antologia bilíngue a cargo de Gonzalo M. Aguilar. Buenos Aires: Instituto de Literatura Hispanoamericana, 1994.

DESPOESIA (1979-1993)
São Paulo: Perspectiva, 1994.

POESIA É RISCO (CD-livro)
Antologia poético-musical, de "O Rei Menos o Reino" a "Despoemas", em colaboração com Cid Campos. Rio de Janeiro: Polygram, 1995. (2. ed. ampliada. São Paulo: Sesc, 2011.)

NÃO
Com o CD *Clip-Poemas* (animações digitais). São Paulo: Perspectiva, 2003. (2. ed., 2008.)

POÊTEMOINS
Anthologie bilingue. Préface et traduction de Jacques Donguy. France: Dijon, 2011.

PROFILOGRAMAS.
São Paulo: Perspectiva, 2012.

ENSAIOS DIVERSOS

RE/VISÃO DE SOUSÂNDRADE
(com Haroldo de Campos). São Paulo: Invenção, 1964. (2. ed., ampliada. São Paulo: Nova Fronteira, 1982; 3. ed., ampliada. São Paulo: Perspectiva, 2002.)

TEORIA DA POESIA CONCRETA
(com Décio Pignatari e Haroldo de Campos). São Paulo: Invenção, 1965. (2. ed., ampliada. São Paulo: Duas Cidades, 1975; 3. ed. São Paulo: Brasiliense, 1987; 4. ed. São Paulo: Ateliê, 2006).

SOUSÂNDRADE — POESIA
(com Haroldo de Campos). Rio de Janeiro: Agir, 1966. (3. ed., revista, 1995.)

BALANÇO DA BOSSA
(com Brasil Rocha Brito, Julio Medaglia, Gilberto Mendes). São Paulo: Perspectiva, 1968. (2. ed., ampliada: *BALANÇO DA BOSSA E OUTRAS BOSSAS*, 1974.)

GUIMARÃES ROSA EM TRÊS DIMENSÕES
(com Haroldo de Campos e Pedro Xisto). São Paulo: Comissão Estadual de Literatura — Secretaria da Cultura, 1970.

RE/VISÃO DE KILKERRY
São Paulo: Fundo Estadual de Cultura — Secretaria da Cultura, 1971. (2. ed., ampliada. São Paulo: Brasiliense, 1985.)

REVISTAS REVISTAS: OS ANTROPÓFAGOS
Introdução à reed. fac-similar da *Revista da Antropofagia*. São Paulo: Abril/Metal Leve S.A., 1975.

REDUCHAMP
Com iconogramas de Julio Plaza. São Paulo: S.T.R.I.P., 1976. (2. ed. São Paulo: Annablume, 2009. [Selo Demônio Negro])

POESIA ANTIPOESIA ANTROPOFAGIA
São Paulo: Cortez e Moraes, 1978.

PAGU: VIDA-OBRA
São Paulo: Brasiliense, 1982.

À MARGEM DA MARGEM
São Paulo: Companhia das Letras, 1989.

O ENIGMA ERNANI ROSAS
Florianópolis: Editora UEPG (Universidade Estadual de Ponta Grossa), 1996

OS SERTÕES DOS CAMPOS
(com Haroldo de Campos). Rio de Janeiro: Sette Letras, 1997.

MÚSICA DE INVENÇÃO
São Paulo, Perspectiva, 1998.

TRADUÇÕES E ESTUDOS CRÍTICOS

DEZ POEMAS DE E.E. CUMMINGS
Rio de Janeiro: Serviço de Documentação—MEC, 1960.

CANTARES DE EZRA POUND
(com Décio Pignatari e Haroldo de Campos). Rio de Janeiro: Serviço de Documentação—MEC, 1960.

PANAROMA DO FINNEGANS WAKE
(com Haroldo de Campos). São Paulo: Comissão Estadual de Literatura—Secretaria da Cultura, 1962. (2. ed., ampliada. São Paulo: Perspectiva,1971; 3. ed., ampliada. São Paulo: Perspectiva, 2001.)

POEMAS DE MAIAKÓVSKI
(com Haroldo de Campos e Boris Schnaiderman). Rio de Janeiro: Tempo Brasileiro, 1967. (2. ed., ampliada. São Paulo: Perspectiva, 1982.)

POESIA RUSSA MODERNA
(com Haroldo de Campos e Boris Schnaiderman). Rio de Janeiro: Civilização Brasileira,1968. (2. ed., ampliada. São Paulo: Brasiliense, 1985; 3. ed., ampliada. São Paulo: Perspectiva, 2001.)

TRADUZIR E TROVAR
(com Haroldo de Campos). São Paulo: Papyrus, 1968.

ANTOLOGIA POÉTICA DE EZRA POUND
(com Décio Pignatari, Haroldo de Campos, José Lino Grünewald e Mário Faustino). Lisboa: Ulisséia, 1968.

ABC DA LITERATURA. EZRA POUND
(com José Paulo Paes). São Paulo: Cultrix, 1970.

MALLARMARGEM
Rio de Janeiro: Noa-Noa, 1971.

MALLARMÉ
(com D. Pignatari e H. de Campos). São Paulo: Perspectiva, 1978.

O TYGRE
William Blake. São Paulo: Edição do autor, 1977.

JOHN DONNE, O DOM E A DANAÇÃO
Florianópolis: Noa-Noa, 1978.

VERSO REVERSO CONTROVERSO
São Paulo: Perspectiva, 1979.

20 POEM(A)S — E.E. CUMMINGS
Florianópolis: Noa-Noa, 1979.

MAIS PROVENÇAIS: RAIMBAUT E ARNAUT
Florianópolis: Noa-Noa, 1982. (2. ed., ampliada. São Paulo: Companhia das Letras, 1987.)

EZRA POUND — POESIA
(com Décio Pignatari, Haroldo de Campos, José Lino Grünewald e Mario Faustino). Organização, introdução e notas de Augusto de Campos. São Paulo: Hucitec, 1983.

PAUL VALÉRY: A SERPENTE E O PENSAR.
São Paulo: Brasiliense, 1984. (2. ed., revista. São Paulo: Ficções, 2011.)

JOHN KEATS: ODE A UM ROUXINOL E ODE SOBRE UMA URNA GREGA
Florianópolis: Noa-Noa, 1984.

JOHN CAGE: DE SEGUNDA A UM ANO
Introdução e revisão da tradução de Rogério Duprat. São Paulo: Hucitec, 1985.

40 POEM(A)S — E.E. CUMMINGS
São Paulo: Brasiliense, 1986.

O ANTICRÍTICO
São Paulo: Companhia das Letras, 1986.

LINGUAVIAGEM
São Paulo: Companhia das Letras, 1987.

PORTA-RETRATOS: GERTRUDE STEIN
Florianópolis: Noa-Noa, 1990.

HOPKINS: CRISTAL TERRÍVEL
Florianópolis: Noa-Noa, 1991.

PRÉ-LUA E PÓS-LUA
São Paulo: Arte Pau Brasil, 1991

RIMBAUD LIVRE
São Paulo: Perspectiva, 1992.

IRMÃOS GERMANOS
Florianópolis: Noa-Noa, 1993.

RILKE: POESIA-COISA
Rio de Janeiro: Imago, 1994.

HOPKINS: A BELEZA DIFÍCIL
São Paulo: Perspectiva, 1997.

MALLARMARGEM 2
Florianópolis: Noa-Noa, 1998.

POEM(A)S — E.E. CUMMINGS
Rio de Janeiro: Francisco Alves, 1999. (Ed. revista e ampliada. São Paulo: Editora da Unicamp, 2011.)

COISAS E ANJOS DE RILKE
São Paulo: Perspectiva. 2001.

INVENÇÃO. DE ARNAUT E RAMBAUT A DANTE E CAVALCANTI
São Paulo: Arx, 2003.

POESIA DA RECUSA
São Paulo: Perspectiva, 2006.

QUASE-BORGES + 10 TRANSPOEMAS
São Paulo: Memorial da América Latina, 2006.

EMILY DICKINSON — NÃO SOU NINGUÉM
São Paulo: Editora da Unicamp, 2008

AUGUST STRAMM: POEMAS-ESTALACTITES
São Paulo: Perspectiva, 2008.

BYRON E KEATS: ENTREVERSOS
São Paulo: Editora da Unicamp, 2009

POÉTICA DE OS SERTÕES
São Paulo: Casa Guilherme de Almeida, 2010

POEM(A)S — E.E.CUMMINGS

QUASE BORGES — 20 TRANSPOEMAS E UMA ENTREVISTA
São Paulo: Terracota, 2013. [Selo Musa Rara]

SITE

<www.uol.com.br/augustodecampos>

COLEÇÃO SIGNOS
HAROLDIANA

1. PANAROMA DO FINNEGANS WAKE • James Joyce (Augusto e Haroldo de Campos, orgs.)
2. MALLARMÉ • Augusto e Haroldo de Campos e Décio Pignatari
3. PROSA DO OBSERVATÓRIO • Julio Cortázar (Trad. de Davi Arrigucci Júnior)
4. XADREZ DE ESTRELAS • Haroldo de Campos
5. KA • Velimir Khlébnikov (Trad. e notas de Aurora F. Bernardini)
6. VERSO, REVERSO, CONTROVERSO • Augusto de Campos
7. SIGNANTIA QUASI COELUM: SIGNÂNCIA QUASE CÉU • Haroldo de Campos
8. DOSTOIÉVSKI: PROSA POESIA • Boris Schnaiderman
9. DEUS E O DIABO NO FAUSTO DE GOETHE • Haroldo de Campos
10. MAIAKÓVSKI – POEMAS • Boris Schnaiderman, Augusto e Haroldo de Campos
11. OSSO A OSSO • Vasko Popa (Trad. e Notas de Aleksandar Jovanovic)
12. O VISTO E O IMAGINADO • Affonso Ávila
13. QOHÉLET/O-QUE-SABE – POEMA SAPIENCIAL • Haroldo de Campos
14. RIMBAUD LIVRE • Augusto de Campos
15. NADA FEITO NADA • Frederico Barbosa
16. BERE'SHITH – A CENA DA ORIGEM • Haroldo de Campos
17. Despoesia • Augusto de Campos
18. PRIMEIRO TEMPO • Régis Bonvicino
19. ORIKI ORIXÁ • Antonio Risério
20. HOPKINS: A BELEZA DIFÍCIL • Augusto de Campos
21. UM ENCENADOR DE SI MESMO: GERALD THOMAS • Silvia Fernandes e J. Guinsburg (orgs.)
22. TRÊS TRAGÉDIAS GREGAS • Guilherme de Almeida e Trajano Vieira
23. 2 OU + CORPOS NO MESMO ESPAÇO • Arnaldo Antunes
24. CRISANTEMPO • Haroldo de Campos
25. BISSEXTO SENTIDO • Carlos Ávila
26. OLHO-DE-CORVO • Yi Sáng (Yun Jung Im, org.)
27. A ESPREITA • Sebastião Uchôa Leite
28. A POESIA ÁRABE-ANDALUZA: IBN QUZMAN DE CÓRDOVA • Michel Sleiman
29. MURILO MENDES: ENSAIO CRÍTICO, ANTOLOGIA E CORRESPONDÊNCIA • Laís Corrêa de Araújo
30. COISAS E ANJOS DE RILKE • Augusto de Campos
31. ÉDIPO REI DE SÓFOCLES • Trajano Vieira

32. A LÓGICA DO ERRO • Affonso Ávila
33. POESIA RUSSA MODERNA • Augusto e Haroldo de Campos e B. Schnaiderman
34. REVISÃO DE SOUSÂNDRADE • Augusto e Haroldo de Campos
35. NÃO • Augusto de Campos
36. AS BACANTES DE EURÍPIDES • Trajano Vieira
37. FRACTA: ANTOLOGIA POÉTICA • Horácio Costa
38. ÉDEN: UM TRÍPTICO BÍBLICO • Haroldo de Campos
39. ALGO : PRETO • Jacques Roubad
40. FIGURAS METÁLICAS • Claudio Daniel
41. ÉDIPO EM COLONO DE SÓFOCLES • Trajano Vieira
42. POESIA DA RECUSA • Augusto de Campos
43. SOL SOBRE NUVENS • Josely Vianna Baptista
44. AUGUST STRAMM: POEMAS-ESTALACTITES • Augusto de Campos
45. CÉU ACIMA: UM TOMBEAU PARA HAROLDO DE CAMPOS • Leda Tenório Motta (org.)
46. AGAMÊMNON DE ÉSQUILO • Trajano Vieira

COLEÇÃO SIGNOS

47. ESCREVIVER • José Lino Grünewald (José Guilherme Correa, org.)
48. ENTREMILÊNIOS • Haroldo de Campos
49. ANTÍGONE DE SÓFOCLES • Trajano Vieira
50. GUENÁDI AIGUI: SILÊNCIO E CLAMOR • B. Schnaiderman e J. P. Ferreira (orgs.)
51. POETA POENTE • Affonso Ávila
52. LISÍSTRATA E TESMOFORIANTES • Trajano Vieira
53. HEINE, HEIN? POETA DOS CONTRÁRIOS • André Vallias
54. PROFILOGRAMAS • Augusto de Campos
55. OS PERSAS DE ÉSQUILO • Trajano Vieira

Este livro foi impresso em São Bernardo do Campo,
nas oficinas da Bartira Gráfica e Editora, em março de 2015,
para a Editora Perspectiva.